Homens que não conseguem amar

STEVEN CARTER & JULIA SOKOL

Homens que não conseguem amar

Como reconhecer um homem
que tem fobia a compromisso
antes que ele parta seu coração

SEXTANTE

Título original: *Men Who Can't Love*

tradução
Márcia Oliveira

preparo de originais
Regina da Veiga Pereira

revisão
Elizabeth da Rocha Dias
Penha Dutra
Tereza da Rocha

projeto gráfico e diagramação
Valéria Teixeira

capa e ilustração da capa
Silvana Mattievich

pré-impressão
ô de casa

impressão e acabamento
Cromosete Gráfica e Editora Ltda.

CIP-BRASIL. CATALOGAÇÃO-NA-FONTE
SINDICATO NACIONAL DOS EDITORES DE LIVROS, RJ

C315h Carter, Steven, 1956-
Homens que não conseguem amar / Steven Carter & Julia Sokol [tradução de Márcia Oliveira]. – Rio de Janeiro: Sextante, 2009.

Tradução de: Men who can't love
ISBN 978-85-7542-475-9

1. Amor. 2. Homens – Psicologia. 3. Relações humanas. I. Sokol, Julia. II. Título.

CDD 306.734
09-0972 CDU 392.6

Rua Voluntários da Pátria, 45 – Gr. 1.404 – Botafogo
22270-000 – Rio de Janeiro – RJ
Tel.: (21) 2286-9944 – Fax: (21) 2286-9244
E-mail: atendimento@esextante.com.br
www.sextante.com.br

Sumário

Prefácio 7

Introdução 12

Parte I O problema dele 15

Capítulo 1
O problema com o compromisso 16

Capítulo 2
O homem que você ama tem medo de amá-la? 37

Capítulo 3
Por que ele não consegue amar? 47

Capítulo 4
O homem e seu conflito: um mundo de duplas mensagens e comportamentos contraditórios 77

Capítulo 5
Tão perto do amor: quando ele está caidinho por você e sabe disso 110

Capítulo 6
Quando ele não consegue amar 135

Parte II Seu relacionamento: o que a mulher inteligente pode fazer 151

Capítulo 7
Compreendendo o que é fobia a compromisso 152

Capítulo 8
O começo do relacionamento com um homem que tem fobia a compromisso 156

Capítulo 9
O meio do relacionamento com um homem que tem fobia a compromisso 172

Capítulo 10
O final do relacionamento com um homem que tem fobia a compromisso 205

Capítulo 11
O amargo fim do relacionamento com um homem que tem fobia a compromisso 217

Capítulo 12
Como evitar o relacionamento com um homem que tem fobia a compromisso – regras a seguir 229

Posfácio 236

Prefácio

Para as brasileiras

Nos últimos anos, tive a sorte de fazer diversas visitas ao Brasil e conhecer algumas de nossas leitoras. Conversei com muitas mulheres inteligentes, bem-sucedidas, bem-intencionadas, experientes do ponto de vista emocional que tiveram a gentileza de me relatar os problemas que estavam vivendo em seus relacionamentos. O que me impressionou de imediato foram as indiscutíveis semelhanças entre as americanas e as brasileiras em relação ao conflito entre os dois sexos. Quando me dirijo às mulheres do Brasil, costumo me sentir em minha própria casa.

Desde que comecei a escrever com Julia Sokol, tem sido extremamente gratificante ouvir que muitas mulheres sentem que nossos livros as ajudaram a mudar suas vidas para melhor. Neste momento, você tem nas mãos a obra que deu forma ao nosso trabalho e esclareceu uma questão emocional que vinha trazendo infelicidade a muitas mulheres. *Homens que não conseguem amar* é o primeiro livro a esboçar um retrato abrangente das turbulências experimentadas quando se luta para manter um relacionamento romântico com um homem aterrorizado pela perspectiva de assumir um compromisso. Também introduzimos aqui a expressão fobia a compromisso e discutimos amplamente o problema.

A fobia a compromisso é uma reação claustrofóbica ao fato de estar em uma relação amorosa. Quanto mais próxima você se encontra do homem em questão, pior ele se sente e piores são as reações dele. Essa é minha definição de fobia a compromisso. Essa definição se tornará a pedra fundamental para você entender comportamentos que, até então, eram desconcertantes, contraditórios, dolorosos e praticamente impossíveis de serem compreendidos. Será a pedra fundamental para sua recuperação e para seu movimento em busca de um amor mais saudável. Dará a você a capacidade de prever os problemas antes que eles apareçam e a ajudará a encontrar sentido em um universo repleto de mensagens incoerentes. Mostrará como evitar e como escapar de relacionamentos nocivos que nunca mudarão de natureza.

Se você se reconhecer nas páginas seguintes, não é porque a conhecemos, e sim porque os padrões de sedução e rejeição dos homens acometidos pela fobia a compromisso mudam muito pouco de pessoa para pessoa, ou mesmo de país para país. Embora esses homens lhe dêem a sensação de ter encontrado o grande amor de sua vida, ao mesmo tempo eles preparam o palco para reviravoltas suficientes para preencher toda uma existência. Ao reconhecer esses padrões e se tornar capaz de compreender o que ele está fazendo e o que você está sentindo, você será capaz de avançar em direção à sua saúde emocional.

A fobia a compromisso não é um problema apenas das grandes cidades. Não é restrita aos bem-sucedidos ou aos malsucedidos, nem exclusividade de qualquer cultura ou nação. O problema existe *em toda parte*, embora possa se manifestar de formas diferentes em culturas diferentes. Os homens não fogem do compromisso simplesmente porque são exigentes ou difíceis de agradar. E a fobia a compromisso não desaparece automaticamente ao se encontrar o parceiro ideal.

Antes que alguém fique com a impressão errada de que todas as minhas observações foram feitas a partir de um distanciamento profissional, preciso deixar claro que, desde o primeiro momento, meu interesse no assunto é extremamente pessoal. Hoje, mais do que nunca, compreendo que a força motriz por trás da criação deste livro não foi uma mera curiosidade acadêmica, mas um conflito muito pessoal em relação a esse tema. Por anos e anos, fui o perfeito representante da fobia a compromisso e tive que trabalhar muito, durante longo tempo, para superar minhas dificuldades.

Há mais uma coisa que precisa ser mencionada aqui. Quando Julia e eu iniciamos nossas pesquisas, acreditávamos erroneamente que a fobia a compromisso seria uma reação predominantemente masculina. Sabíamos que as mulheres também têm medos, mas não exploramos esse lado, pois parecia haver uma prevalência de homens com esse problema e achávamos seu comportamento mais nocivo. Nossa percepção mudou à medida que o mundo também mudou. Existem nos dois lados medos ocultos que sabotam os relacionamentos. Ultimamente, estamos devotando mais tempo e atenção às mulheres com conflitos de compromisso e estudando como esses conflitos podem levá-las a assumir relações destrutivas. É importante que as leitoras compreendam que *Homens que não conseguem amar* lida apenas com um lado do problema da fobia a compromisso.

Existe outra questão que acreditamos não ter sido suficientemente discutida na primeira edição americana deste livro: o que queremos dizer com o termo "compromisso". Para nós, assumir um compromisso significa *fazer uma promessa bem-intencionada de ser responsável, realista, monogâmico e empenhado em um relacionamento* e cumprir a promessa. É verdade que muita gente que se casa promete esse tipo de coisa. Algumas pessoas que não passam pela formalidade de uma cerimônia de casamento também fazem promessas, mas um homem com fobia a compromisso pode ter uma bela festa de casamento, comprar uma casa, ter filhos e nunca se comprometer realmente. Em resumo, o casamento por si só não faz ninguém assumir um compromisso.

Afirmamos isso porque recebemos muitas cartas de mulheres perplexas que relatam que os homens pelos quais se apaixonaram aparentam ser intensamente tomados pela fobia a compromisso, apesar de já terem sido casados. Incapazes de compreender o aparente paradoxo desses homens, algumas chegam à mesma conclusão errônea: se ele já foi casado, pode assumir um compromisso; portanto, EU devo ser o problema.

Ninguém discute que um casamento destrutivo pode tornar qualquer pessoa revoltada e temerosa em relação a futuros envolvimentos. Mas também precisamos deixar claro que há uma grande distância entre ter sido casado e ter assumido um compromisso – uma grande diferença entre dizer "sim" e realmente estar levando aquilo adiante. O fato é que, quando conhece um homem divorciado, você não sabe nada sobre sua capacidade de assumir compromissos – não importa o que ele lhe diga.

Ao ler *Homens que não conseguem amar*, você encontrará dezenas de relatos sobre relacionamentos. Existem grandes chances de que você se identifique com muitos deles. Talvez diversas dessas histórias pareçam ter sido escritas especialmente para o seu caso. Embora sintamos que todas elas são importantes, também sabemos que a mais importante para você, neste momento, é a sua – o que está acontecendo com você e aquilo que lhe fez procurar este livro.

Originalmente, quando escrevemos o livro, sentimos que era essencial dizer às mulheres envolvidas com homens com fobia a compromisso que a culpa não era delas. Queríamos que elas soubessem que o que se passava não era porque não estavam fazendo o bastante, porque não estavam sendo suficientemente amorosas, compreensivas ou pacientes. Não era porque elas não estavam sendo boas o *suficiente*. Acontecia porque tinham parceiros com problemas sérios e qualquer tentativa de se darem mais apenas intensificaria o comportamento desconcertante deles. Ainda acreditamos que esta é a mensagem mais importante que nossas leitoras poderão extrair do nosso trabalho.

Sabemos que algumas de vocês vão ler o livro porque se interessam por esse tema. Porém, compreendemos que a maioria está lendo porque está confusa, amedrontada e sofrendo. Temos consciência de que poucas dinâmicas de relacionamento são tão destrutivas e prejudiciais quanto a fobia a compromisso. Neste momento, alguém que você ama profundamente está lhe causando muita dor. Esperamos sinceramente que *Homens que não conseguem amar* ajude a esclarecer seus problemas e ofereça as informações necessárias para você aprender a se proteger melhor.

Gostaríamos de agradecer a todos no Brasil que vêm acompanhando nosso trabalho. Enviamos um agradecimento muito especial àquelas pessoas que foram gentis a ponto de reservar um tempinho de suas vidas tão ocupadas para falar comigo durante minhas recentes viagens ao país. Suas histórias me deram uma visão mais rica do mundo.

Introdução

Muitas mulheres amaram e não foram correspondidas por homens que tiveram medo de assumir um compromisso, que as trataram mal e até fugiram. Mas, apesar de ter muitas vezes a mesma experiência, a maioria das mulheres não consegue lidar com o problema e não tem qualquer noção do que fazer a respeito. Pior ainda: muitas pensam que isso só acontece com elas.

Escrevi este livro porque desejo muito ajudar essas mulheres. Para começo de conversa, você, que está me lendo, convença-se de que esse homem não está fazendo isso especialmente com *você*. Ele faz isso com *todas* as mulheres com quem se envolve. Quero ajudar as mulheres a entender plenamente *por que* tal coisa acontece – a descobrir o que assusta alguns homens em um relacionamento que vai ficando com cara de compromisso e como esse medo costuma levar a padrões de comportamento esquisitos, desconcertantes e contraditórios. O mais importante de tudo é que este livro ensinará às mulheres *o que* fazer a respeito.

É fácil as mulheres se culparem e assumirem toda a responsabilidade pelo problema. Trata-se de um grave erro. Não acreditem que o envolvimento com esse tipo de homem parte de um desejo inconsciente de punição, nem de uma falha de caráter. É que existem muitos homens com esse problema. Alguns acabarão conseguindo superar seus medos, mas outros *nunca* serão capazes de se comprometer. É fundamental que as mulheres entendam e aceitem isso, e aprendam a reconhecer e a evitar situações mais arriscadas.

Não me entenda mal. Embora a maior parte do livro fale sobre *eles*, sobre o problema *deles*, não quero que você perca de vista as *suas* necessidades – por favor, não deixe que isso aconteça. Também não desejo que você sinta pena deles ou se preocupe com eles. De jeito nenhum! Também não quero – de maneira alguma – que você se empenhe em mudá-los, ou se torne a psicóloga deles. Tenha certeza: *só um profissional pode ajudá-los.*

Estou dizendo tudo isso para ajudar *você* a se ajudar. É preciso primeiro entender exatamente o que se passa na cabeça dele para que você não fique eternamente à mercê desse homem. Quero lhe dar as ferramentas necessárias para que saiba o que está acontecendo e assuma o controle da sua vida e do seu relacionamento. Então, e só então, você conseguirá receber o tipo de amor de que precisa e que merece.

Parte I

O problema dele

Capítulo 1

O problema com o compromisso

Eis o problema: muitos homens têm um medo exagerado do compromisso. Se você é uma mulher contemporânea, há grandes chances de que venha a se envolver com pelo menos um homem, possivelmente mais de um, que prefere fugir do amor. Pode ser o homem que não telefona após um primeiro encontro particularmente bom; o homem ardente que some depois da primeira noite de sexo; o namorado firme em quem você confia e que sabota a relação justamente quando esta se encaminha para o casamento; ou o homem que depois do casamento se torna indiferente, infiel ou violento. Em qualquer um desses casos, é bem provável que você esteja lidando com um homem que reage de maneira anormal à idéia de compromisso. Para ele, você é sinônimo de esposa, mãe, de ficar junto – *para sempre* – e isso o deixa aterrorizado. É por isso que ele a abandona. Você não consegue entender, mas, se isto servir de consolo, ele provavelmente também não compreende as próprias reações. Só sabe que um relacionamento mais sério lhe causa grande desconforto e ansiedade.

O pior é que esse homem está em busca do amor, e é por isso que ele a conquista. A insistência dele e as comoventes demonstrações de vulnerabilidade a convencem de que é seguro entregar-se. Mas como o medo do compromisso é excessivo, ele acaba sabotando, destruindo ou fugindo de qualquer relação boa e sólida. Em outras palavras, se o medo dele for muito intenso, o homem com fobia a compromisso não conseguirá amar, por mais que queira.

E você fica para trás com sonhos desfeitos e a auto-estima destruída. O que aconteceu? O que deu errado? E por que isso acontece com tantas mulheres?

"Um dia ele disse que éramos perfeitos juntos. No dia seguinte não apareceu. Por quê?"

Jamie lembra muito bem como se sentiu no dia em que conheceu Michael.

"Eu tinha acabado de completar 28 anos e, apesar de não haver um homem na minha vida, estava bastante satisfeita. Tinha começado a trabalhar em um novo emprego havia uma semana – assistente administrativa de uma companhia de balé – e estava adorando. Morava num belo apartamento alugado e tinha dinheiro extra suficiente para me presentear com um ingresso para o Festival Mostly Mozart. Após a apresentação, uma amiga me convidou para uma festa. Eu quase não fui. Bem, foi lá que conheci o Michael. Ele se aproximou e disse: 'Acho que vamos nos dar muito bem.'"

Jamie conta que o jeito direto de Michael a fez evitá-lo pelo resto da noite, mas ao chegar em casa ouviu a voz dele na secretária eletrônica perguntando se ela estava livre para um brunch no dia seguinte. Jamie decidiu ignorar o convite, apesar de Michael ser um homem atraente. Ele tinha um jeito meio arrogante de que ela não gostou.

No dia seguinte, quando o telefone tocou, Jamie atendeu. Era ele. "Que tal jantarmos hoje?" Ela respondeu que não podia. E então, receando estar sendo indelicada, começou a bater papo com ele. Acabaram conversando por 15 minutos. Ela não se lembra do que falaram, e sim que foi divertido e ela ficou sabendo que ele era um redator de publicidade muito bem remunerado.

"Pensei muito durante a semana, me perguntando se não tinha cometido um erro deixando de sair com ele, pois afinal eu não vivia rodeada de homens bonitos implorando para me levar para jantar – eu não saía com ninguém havia seis meses. Cheguei à conclusão de que eu estava sendo muito exigente. No sábado, fiquei em casa, assistindo à TV e senti pena de mim mesma."

Descobri que muitas mulheres temem estar jogando fora sua última chance no amor. Jamie não era diferente; quando Michael telefonou na quarta-feira seguinte, ela aceitou o convite e eles saíram para jantar. Ele a surpreendeu, expondo sua vida e mostrando-se curioso a respeito dela. A sensibilidade dele era tocante. Contou que sua última namorada estava mais interessada na carreira do que nele. Para ter um relacionamento sério, disse Michael, ele queria uma mulher como Jamie, que sabia estabelecer prioridades. Ela ficou satisfeita com o elogio, mas se perguntou como ele podia saber quais eram suas prioridades. Michael disse que chegara a hora de ter um cachorro, um carro em que coubesse toda a família e uma esposa – "não necessariamente nessa ordem". Afirmou que sabia que isso lhe daria o incentivo de que precisava para se dedicar mais à criação de textos literários e menos à redação para publicidade. Disse a Jamie que achava um charme ela compor músicas. "Quem sabe, se as coisas derem certo entre nós, vamos acabar morando numa ampla casa vitoriana num bairro residencial. Eu poderia escrever um grande romance na biblioteca, enquanto você estaria tocando piano na sala." Jamie achou melhor não contar a ele que se interessava por hard rock e ficou encantada com a idéia.

"Ao se despedir, Michael me convidou para irmos à praia no domingo. Ele foi extremamente atencioso e gentil o dia inteiro. Cercou-me de cuidados e levou-me para almoçar em um pequeno restaurante à beira-mar. Michael foi tão atencioso que cheguei a ficar sem graça. Brincava com o meu cabelo, beijava meu pescoço e me fez sentir completamente irresistível."

Quando ele a deixou em casa, pediu para passar a noite com ela, mas Jamie não concordou. Ela ainda não acreditava que ele estivesse tão interessado nela quanto dizia. Achava que não fazia o tipo dele.

Michael teve de se ausentar da cidade naquela semana, porém telefonou todos os dias e conversaram por horas. Na sexta, dormiu na casa de Jamie e lá permaneceu até o domingo de manhã.

"Sei muito bem que comecei a me interessar seriamente pelo Michael porque ele parecia estar seriamente interessado em mim. Gostei do grau de intimidade que estabelecemos, pois me fez sentir segura e confiante. Acho que foi disso que mais senti falta quando tudo terminou. Não fiquei tão arrebatada pelo sexo como Michael parecia estar, mas nunca deixei transparecer isso, até porque ele vivia repetindo: 'Você é perfeita. Não consigo deixar de pensar em como somos perfeitos juntos.' Além disso, eu estava me apaixonando, e achei que quando meu corpo e minhas emoções entrassem em sintonia, tudo se encaixaria. Acho que ele me contou tudo sobre sua vida. Quando o relacionamento acabou, eu sabia mais e me lembrava de mais coisas sobre a vida dele do que ele próprio. Depois que Michael foi embora naquele domingo à noite, pensei que seria o começo de algo sério.

Em vez de ligar todas as noites como tinha feito na semana anterior, ele telefonou todos os dias para o meu trabalho. Uma mudança sutil à qual não prestei muita atenção. Disse que não poderia me ver durante a semana – tinha negócios a tratar, compromissos e um milhão de coisas a fazer –, mas quando chegou na sexta-feira, nos jogamos na cama, comemos comida chinesa e falamos bobagens. No sábado à noite, enquanto assistíamos a um filme na televisão, Michael me olhou e disse sério: 'Estou me apaixonando por você.' Quando fomos dormir, ele declarou: 'Eu amo você', dissipando as reservas que eu ainda tinha. Naquele momento eu me senti uma felizarda por ser tão amada e desejei intensamente construir minha vida com ele e fazê-lo feliz. Acho que fui ingênua, mas para mim amor combina com casamento. Eu fazia planos para o futuro, sem imaginar que o relacionamento já estava indo ladeira abaixo.

Então, no domingo de manhã, ele se levantou e disse que precisava ir embora porque as pessoas com quem dividia o apartamento iam receber visitas para um brunch e ele tinha de estar lá. Não entendi por que não me convidou, mas não queria ser exigente nem chata, pois desejava um relacionamento baseado em respeito e confiança mútuos. Mas, para dizer a verdade, me senti mal com aquilo. É impressionante. Namoramos durante cinco meses e eu nunca conheci as pessoas que moravam com ele."

A partir daí, Michael estabeleceu um padrão que continuaria pelos meses seguintes. Todos os dias telefonava para Jamie do trabalho e combinava encontrar-se com ela no fim de semana. Quando chegava sexta-feira à noite, os dois passavam praticamente o tempo todo em casa, fazendo amor. Às vezes saíam para jantar ou iam ao cinema, mas a maior parte do tempo ficavam em casa.

"Michael vivia dizendo que estava exausto por causa do trabalho e que eu era o refúgio dele – a única pessoa com quem ele queria estar. Além disso, o sexo era sensacional. Eu confiava na intimidade do sexo e na amizade. Ele repetia que eu o fazia muito feliz. Eu era perfeita. Nós éramos perfeitos e íntimos."

Durante aquele período, Jamie só conheceu alguns dos amigos de Michael, com quem saiu rapidamente para um drinque.

Em uma sexta-feira, a mãe dele, que morava em Connecticut, foi a Nova York e Michael saiu para jantar com ela. Jamie achou que devia ter sido convidada, mas ele disse que seus pais eram complicados e que precisava prepará-los. Logo chegou o feriado de Ação de Graças e Jamie ficou na expectativa de que ele a convidasse para o tradicional jantar com os pais. Achou que o que acontecesse nos feriados seria um forte indicativo sobre o real estágio do relacionamento deles.

"Michael foi visitar os pais e não me convidou. Fiquei arrasada. Ele se sentiu visivelmente culpado, porque na quarta-feira anterior ao feriado apareceu com uma garrafa de vinho e flores. Disse que estava se sentindo péssimo por me deixar sozinha. 'Então não vá', eu disse. 'Se você acha mesmo que será difícil para os seus pais me aceitarem, por que não fica aqui comigo? Você já é adulto, fique a meu lado. Dê prioridade a mim.' Ele disse que não podia fazer isso.

O mais revoltante foi que eu me ofereci para digitar seu currículo atualizado no computador do escritório e fiz isso na sexta-feira depois do dia de Ação de Graças. Ele voltaria apenas na segunda, e eu fiquei aguardando um telefonema. Mas Michael só ligou na quarta-feira, quando me convidou para tomar um café com ele. Isso chamou a minha atenção, pois ele nunca saía comigo no meio da semana, principalmente se fosse trabalhar no dia seguinte. Ele foi até o meu apartamento buscar o currículo, não contou nada sobre o feriado e acabamos na cama. Michael disse que precisava voltar para dormir em casa porque não tinha outra muda de roupa. Na porta, falou: 'Eu amo você.' Não dei muita importância, mas comecei a ficar preocupada e decidi encostá-lo contra a parede quando tivéssemos mais tempo para conversar. Ele não ligou na sexta-feira para combinarmos os planos do fim de semana. Telefonei para algumas amigas perguntando o que eu deveria fazer. Todas me aconselharam a relaxar e tentar não parecer muito ansiosa. Disseram que talvez ele tivesse tido algum problema. Mas Michael não ligou.

Nunca me esquecerei de como me senti naquela sexta-feira depois do trabalho. Acho que comecei a perceber que nosso namoro tinha chegado ao fim, mas não conseguia aceitar isso, porque, afinal, tínhamos ido para a cama na quarta-feira. Sei que isso vai parecer idiota, mas fiquei pensando se não haveria algo de errado com ele. Por volta das 22h, não agüentei e liguei para o apartamento dele. Logicamente, a secretária eletrônica atendeu. Desliguei e fiquei paranóica, pensando que ele descobriria que a ligação era minha. Então telefonei de novo e deixei uma mensagem. Quando ele retornou a ligação, no sábado, disse que sabia que devia ter me procurado, mas estivera muito ocupado e, agora, precisava voltar a Connecticut porque seus pais o haviam obrigado a ir a uma festa. Precisei me conter para não me convidar para ir junto. Ele disse que me ligaria quando estivesse de volta, e foi o que fez, no domingo. Acabou indo à minha casa. Como sempre, nosso encontro foi intenso e lindo. Ele adormeceu em frente à televisão e, quando pendurei sua jaqueta, um papel caiu do bolso do casaco. Era um ingresso de um teatro de Nova York, com a data da noite anterior. Foi assim que descobri que ele não tinha ido a Connecticut e que tinha mentido para mim."

A partir desse ponto, Michael estabeleceu um novo padrão. Em alguns dias, ligava. Em outros, não. Continuava convidando Jamie para sair, mas não regularmente.

"Ele me disse que estava muito estressado com as responsabilidades que tinha assumido. Na primeira semana depois do feriado de Ação de Graças, saímos na sexta-feira e ele voltou para casa no sábado. Na outra semana, nos vimos no sábado e ele voltou para casa logo depois do jantar, com uma desculpa esfarrapada.

No meio disso tudo, continuava dizendo que me amava e pedia que eu tivesse paciência. Sempre que ele ia à minha casa, eu me esforçava ao máximo para preparar comidas deliciosas e estar sempre bonita. Não sabia o que fazer para que tudo voltasse a ser como antes. O Natal estava chegando e eu não tinha tempo nem dinheiro para passá-lo com minha família. Pressionei Michael para saber se ficaríamos juntos. Ele não me prometeu isso. Disse que sabia ser injusto, mas não sabia o que queria e precisava de um tempo para pensar nas 'coisas'. Perguntei se ele estava saindo com alguém. Ele negou, mas não acreditei.

Finalmente, na semana anterior ao Natal, nos encontramos depois de muita insistência minha. Perguntei o que estava acontecendo conosco. Michael disse que para ele era 'estranho lidar com pessoas do meio artístico' e que precisava se afastar um pouco da minha intensidade. Eu não tinha a menor idéia do que fosse essa 'intensidade', mas ele insistia em dizer que eu era intensa demais.

Ele me telefonou para me desejar um feliz Natal. Quando desligou, fiquei com tanta raiva que liguei de novo e gritei com ele. Michael disse que não conseguiria falar comigo enquanto eu não me controlasse. Depois que desligamos, me senti culpada por ter gritado e queria me desculpar. Mesmo sabendo que eu tinha razão, achei que não tinha sido suficientemente compreensiva e que, de fato, estivesse sendo intensa demais, o que lhe daria motivo para me rejeitar. Queria ligar de novo, mas fiquei com medo de que ele desligasse na minha cara. Foi isso. O namoro chegou ao fim."

Depois do término

Jamie me contou que sofreu muito com esse relacionamento. Ficou num estado obsessivo, com os pensamentos em torvelinho. Não conseguia aceitar o fato de que "seu" Michael, aquele que tinha declarado tanto amor por ela, pudesse tê-la tratado daquela maneira. Então culpou os amigos dele, a infância dele e o seu relacionamento com os pais. Mas, sobretudo, ela *se* culpou. Se sabia que Michael tinha dificuldade para confiar nas pessoas, não devia tê-lo encostado contra a parede. Ou talvez o tivesse confrontado tarde demais. A cabeça de Jamie era um tumulto de emoções.

Talvez ele nunca tivesse gostado dela. Talvez ela não o atraísse. Ou talvez ele só quisesse transar com ela. Nada fazia sentido para Jamie, e ela se sentia arrasada. Onde será que ela errara? Seria possível corrigir o erro para tê-lo de volta? Mas era isso o que ela desejava?

"Eu me sentia completamente traída por Michael. Ele disse que me amava e eu acreditei nele. Constatar que o amor não significava para ele o mesmo que para mim me causou muita dor, eu não sabia o que fazer. Comprei todos os livros sobre relacionamentos que encontrei. Tinha uma amiga que vivera uma experiência semelhante, e passamos horas ao telefone analisando obsessivamente cada detalhe de cada conversa que tivemos com nossos respectivos namorados. Finalmente, comecei a fazer terapia, apesar de não ter dinheiro sobrando. Parei de falar com alguns de meus amigos porque percebi que eles não agüentavam mais me ouvir remoendo a mesma história. Em suma, fiquei péssima!"

Minha história

Antes de mais nada, acho indispensável ser o primeiro homem neste livro a falar de meus relacionamentos com as mulheres e a admitir meus sinais de fobia a compromisso. Quando minha última relação terminou, percebi que havia algo de muito errado na forma como eu vinha lidando com as mulheres. Minhas desculpas para não estabelecer um relacionamento mais sério funcionaram até os 25 anos. Mas quando ultrapassei os 30, pararam de funcionar. Fui descobrindo que os muitos incidentes isolados e pequenos eventos aparentemente sem importância do meu passado formavam um padrão de comportamento. E soube que estava na hora de dar um jeito nisso.

Minha reflexão tardia provavelmente foi acelerada por conta de inúmeras coincidências, tanto na vida pessoal como na profissional. Ironicamente, quando meu último relacionamento começou a se desintegrar, eu estava em uma turnê por conta de um livro, assumindo o papel de guru dos relacionamentos – o que era contraditório, porque eu estava começando a ter mais perguntas do que respostas.

O público ao qual me dirigia era composto principalmente de mulheres. Além de serem sempre mais interessadas em discutir a relação, elas tendem a fazer mais perguntas, a se abrir mais e a ter menos medo de fazer uma auto-avaliação. A maioria delas estava se recuperando de relacionamentos com homens que fugiam da possibilidade de um compromisso real. Experimentavam tantas emoções que eu costumava me sentir soterrado por uma avalanche de sentimentos.

As muitas histórias que ouvi eram bastante parecidas. Elas falavam de homens que as pressionavam e as levavam a criar algum tipo de envolvimento emocional. Quando as mulheres finalmente aceitavam, os sujeitos se afastavam ou começavam a usar métodos destrutivos para sabotar o namoro. Muitas delas me relataram encontros e fins de semana idílicos, além de planos para o futuro com homens que repentinamente sumiam, deixando-as feridas e perplexas.

Eu era visto como o Sr. Sensível, Sr. Compreensivo, Sr. Bonzinho, e era tudo uma farsa. Quando parava para pensar em meus relacionamentos, identificava muitos momentos em que eu não fora diferente da maioria dos "monstros" dos quais elas reclamavam. Eu não tinha a menor dúvida: meu comportamento deixava clara minha fobia a compromisso. Precisava admitir que às vezes eu buscava um motivo qualquer para que uma mulher perfeita fosse inaceitável, uma desculpa inconsistente para terminar um relacionamento.

O que os homens dizem e o que eles fazem – a contradição

Uma das maiores reclamações da maioria das mulheres é: "Ele diz uma coisa e faz outra." Ouvi isso tantas vezes que resolvi examinar o assunto com mais atenção. Certamente, isso se aplicava tanto a mim quanto a muitos homens solteiros que eu conhecia. Dizemos que tudo o que queremos é a paz de um casamento feliz, mas fugimos dele. Por quê? Decidi investigar a razão, pedindo aos homens que me falassem a verdade. Mas, antes de falar com eles, senti necessidade de ouvir as reclamações das mulheres. Por que elas sentiam que estavam sendo tratadas de maneira injusta e o que achavam que estava acontecendo?

A conversa com as mulheres

Comecei entrevistando aproximadamente 50 mulheres solteiras. Todas eram atraentes, desejáveis e modernas, com muito a oferecer a qualquer homem. Entrevistei o mesmo número de mulheres solteiras, divorciadas e casadas, para obter um ponto de vista mais justo. Também selecionei mulheres de diferentes partes do país e de camadas sociais distintas. Alguns de seus relatos me impressionaram. Uma mulher me contou que seu noivo saiu de um quarto de hotel em Roma para comprar cigarros e nunca mais voltou. Em todas as histórias, não havia nenhuma briga, nenhuma palavra mais dura. Perdi a conta do número de mulheres que me falaram de homens que pularam fora às vésperas do casamento. Outras me contaram de relacionamentos em que homens apaixonados e insistentes transformavam-se em silenciosos e raivosos inimigos assim que as mulheres concordavam em dar um destes três passos: morar juntos, casar ou ter filhos.

Todas aquelas mulheres falaram, basicamente, da mesma coisa: elas se sentiam abandonadas e traídas pelos homens que insistiram tanto para conquistá-las e que prometeram ternura e intimidade.

A conversa com os homens

Munido dessas histórias, comecei a entrevistar homens. Usei os mesmos critérios aplicados nas conversas com as mulheres. Em geral eram homens inteligentes, com uma boa formação. A maioria dizia ser sensível às necessidades femininas. A questão que se colocava era: por que esses homens bem-nascidos e inteligentes tratavam as mulheres tão mal?

Eis algumas das coisas que eu queria saber: ao iniciar um relacionamento, eles têm um plano definido? Agem deliberadamente de forma manipuladora? Sabem que têm medo de compromisso? Esse medo os leva a provocar o fim do relacionamento?

Também estava em busca de respostas mais específicas: algum desses homens parou de procurar uma mulher após fazerem sexo? Por que alguns pediam uma mulher em casamento e mudavam de idéia no último minuto? Algum deles foi morar com uma mulher, ficou com medo do compromisso e respondeu raivosamente, como uma fera enjaulada, a essa "armadilha", passando a nutrir ódio pela mulher que ele agora via como seu algoz? Os homens tornam-se infiéis quando o relacionamento começa a ficar bom e íntimo? Será que muitos deles escolhem, repetidamente, as mulheres erradas e logo arranjam motivos para que o relacionamento não evolua?

Fiquei chocado com o que as entrevistas revelaram. Descobri que alguns dos homens que eu achava conhecer bem vinham me contando meias verdades sobre os rumos que os relacionamentos haviam tomado, como e por que tinham chegado ao fim. Ao término do primeiro grupo de entrevistados, fiquei absolutamente convencido de três pontos:

- Quando um relacionamento evolui para muita intimidade, homens que têm fobia a compromisso costumam se comportar de maneira completamente irracional.
- Esses homens procuram desculpas e defeitos nas mulheres para se sentirem melhor em relação a seus comportamentos.
- A maioria desses homens sabe que o fato de se concentrarem no lado negativo das mulheres significa que estão evitando encarar a própria incapacidade de se comprometerem.

"Não quero falar sobre isso agora" – como os homens preservam sua aura de mistério

Muitos livros e artigos foram escritos com o objetivo de aconselhar mulheres que estão sozinhas ou em relacionamentos insatisfatórios. Já li quase todos e me parece que há um excesso de informações equivocadas. Em geral esses textos são baseados unicamente em entrevistas com mulheres e em conversas superficiais com homens.

Escrevi este livro para as mulheres porque queria oferecer uma visão do que pensam os homens e ajudá-las a entender o problema que alguns têm com compromissos. Por isso precisava obter a verdade do maior número de homens possível. Durante esse processo, comecei a entender a enormidade do problema. Esses homens são difíceis. Não querem falar sobre o assunto. Em geral, eles respondem vagamente às questões ou dão informações superficiais, mas é só. Muitos dos homens com quem falei sentiam-se verdadeiramente culpados. Não queriam pensar no que haviam feito ou no que os motivou a fazê-lo.

Mas, como sou determinado, mapeei persistentemente a vida e os hábitos de muitos homens, desentoquei-os, joguei luz sobre suas motivações e consegui que me contassem o que realmente acontecera. Em certos momentos, era até engraçado. Alguns pararam de atender minhas ligações. Para muitos, precisei telefonar de 10 a 15 vezes para obter uma entrevista de cinco minutos. Com o gravador na mão, fiquei grudado em um rapaz que fazia as malas em seu apartamento. Acompanhei muitos homens em seus encontros com mulheres. Subornei alguns prometendo aulas de tênis. Cheguei a lavar o carro de um deles.

Estava absolutamente decidido a não ficar apenas com um monte de respostas superficiais. Mas não foi fácil quebrar o gelo e fazer com que os homens me contassem a verdade. No mínimo, a experiência me fez entender muito claramente como é difícil para as mulheres obterem respostas sinceras de homens que têm problemas com compromisso.

"Provavelmente, a culpa é minha" – como as mulheres ajudam a reforçar o mito

É impressionante como as mulheres, em suas entrevistas, estavam dispostas a assumir a responsabilidade pelo problema. A postura da maioria delas era completamente diferente da dos homens. Quando falavam dos seus amados, quase todas tentavam sublinhar as melhores qualidades deles. Elas sempre buscavam razões concretas para o rompimento, mesmo que isso significasse aceitar a culpa pelo comportamento intolerável dos seus parceiros. Era como se estivessem empenhadas em salvar um relacionamento visivelmente próximo do fim.

Neste ponto acho interessante refletir sobre uma questão: por que as mulheres assumem a responsabilidade atribuída a elas pela cultura?

Mulheres simpáticas, inteligentes e bonitas consideram a possibilidade de integrar grupos de terapia destinados a mulheres que "amam demais". Nunca ouvi falar de um tratamento equivalente para homens que "amam de menos". Quanto às mulheres inteligentes que fazem escolhas erradas, eu diria que elas não escolhem, são escolhidas. Porque mulheres bonitas e inteligentes atraem os homens. O problema é que muitos deles sofrem deste mal – fobia a compromisso.

O homem que não consegue amar: quando ele foge e a mulher se pergunta por quê

Depois de ouvir muitas histórias, fica claro que todos os relacionamentos dos homens com fobia a compromisso seguem a mesma dinâmica e costumam acabar de forma semelhante. Os típicos homens com essa fobia apresentam um comportamento identificável que eu chamo de "síndrome de perseguição/pânico". Isso quer dizer que ele empreende uma perseguição incansável até sentir que o amor e a reação da mulher o deixam encurralado no relacionamento – *eternamente*. No momento em que isso acontece, ele sente o relacionamento como uma prisão que lhe provoca ansiedade, quando não pânico total. Antes que a mulher saiba o que está acontecendo, o homem já começou a fugir do relacionamento, dela e do amor.

Esses namoros costumam apresentar diferentes estágios, e em cada um há padrões distintos. O que varia mais é o tempo de duração de cada estágio. Alguns homens podem passar por todos os estágios da síndrome de perseguição/pânico ao longo de uma única noite. Outros levam anos.

Há homens que, depois de um ótimo primeiro encontro, não procuram mais a mulher, porque desenvolvem imediatamente um medo da expectativa do casamento. Outros acham que sexo é sinônimo de compromisso, e, no momento em que isso acontece, o relacionamento começa a ficar íntimo, o que, para esse tipo de homem, significa que ele está preso.

Não preciso dizer quanto um homem desses é capaz de fazer uma mulher sofrer. O grau de infelicidade é proporcional ao estágio que o relacionamento atingiu antes de ele acionar o botão de alerta. O único denominador comum é que o homem não deixa sinais claros, e a mulher nem desconfia que ele esteja pensando em deixá-la. Ela percebe que algo aconteceu com ele, mas não sabe o que desencadeou nele a necessidade de pular fora do relacionamento.

A fuga de um homem depende muito do que ele percebe como o ponto irreversível de compromisso em uma relação. Esse ponto varia em função de uma série de fatores, tais como o comportamento-padrão do homem, a atitude da mulher e o nível de envolvimento entre os dois. É o momento em que ele olha para ela e sente que, se não sair imediatamente do relacionamento, ficará encurralado para sempre.

Os pontos irreversíveis do compromisso

Ponto 1: Um encontro e nada mais

Toda mulher já perdeu algum homem logo nesse ponto. Isso acontece quando o homem com fobia a compromisso tem um excelente primeiro encontro e decide não ligar mais.

Renée T. recorda: "Sei que isso é uma loucura. Foi realmente apenas um encontro. Um primeiro encontro perfeito – um dia no barco de um amigo em comum. Ancoramos em uma praia particular e fomos nadar. Comemos lagostas em um píer. Foi o dia mais intenso e íntimo que se possa imaginar. Ele disse que nunca sentiu tanta paz e repetiu inúmeras vezes como me achava bonita. Fui me deitar esperando uma ligação dele logo na manhã seguinte para retomarmos de onde tínhamos parado. Ele nunca mais me convidou para sair. Durante algum tempo, pensei que talvez tenha sido algo que eu havia dito e revi cada palavra. Você não imagina como fiquei confusa... Não acreditava que alguém pudesse se comportar da maneira como ele se comportou."

Ponto 2: Depois do sexo, adeus

Quando um homem vai para a cama com uma mulher uma vez e se afasta em seguida, é porque está em pânico, como descrito nesse segundo ponto. Ele pode até telefonar para a mulher depois do encontro, mas o sexo logo começa a se deteriorar.

Anne B. recorda: "A melhor parte da história é que o cara era um pastor anglicano. Ele morava na Filadélfia, e eu, em Nova York, mas tínhamos amigos e o gosto pela música em comum. Também éramos da mesma religião. Durante umas férias, nos encontramos em um festival de música e ficamos duas semanas em contato permanente. Ao fim da primeira semana, ele já falava em como eu era importante na vida dele. Na verdade, disse até que estava começando a se apaixonar por mim. Devo acrescentar que ele também passou um bocado de tempo falando sobre a importância dos valores e dos compromissos. Finalmente, voltamos para Nova York e, em vez de seguir para a Filadélfia, ele foi para a minha casa e acabamos ficando juntos. Na manhã seguinte ele foi embora dizendo que me ligaria no outro dia, mas só telefonou duas semanas depois. Parecia muito distante e estranho. Tentei ligar para ele infinitas vezes, enviei-lhe inúmeros cartões-postais e, tenho vergonha de confessar, até um pequeno presente de aniversário, mas ele nunca mais me ligou. Fiquei arrasada. Escrevi-lhe incontáveis cartas longuíssimas, mas fui, felizmente, convencida por amigos a não enviá-las. Nelas eu assumia a responsabilidade por todos os pecados do mundo. Como pode um homem que passou tanto tempo falando sobre o bem e o mal comportar-se dessa maneira? Durante um ano, tive certeza de que havia feito alguma coisa errada. Às vezes ainda penso nele."

Ponto 3: Quase em casa

O terceiro ponto é o mais temido pelos homens. Até então, eles parecem estar tentando desenvolver um relacionamento de verdade. Nesse estágio, porém, as etapas preliminares já terminaram, e está na hora de o relacionamento evoluir. Os homens pulam fora porque têm medo de ficar presos.

Lori S. relata: "Como ele morava em Boston e eu, em Nova York, durante dois anos só nos víamos nos fins de semana e feriados. Nossas contas de telefone eram absurdas. Ele fazia mil pedidos de casamento e eu finalmente concordei. Consegui um novo emprego e ele encontrou um apartamento. A idéia era que estivéssemos morando juntos em um ou dois meses. Eu já me instalara no apartamento havia duas semanas – os livros ainda encaixotados – quando ele começou a ficar diferente. A princípio, vivia adiando a data da mudança. Em seguida, passou a se atrasar ou não aparecer quando marcávamos um encontro. Eu pensava que ele havia ficado apenas um pouco assustado com o compromisso que estávamos assumindo, mas achava que nunca íamos nos separar. Certa noite, eu preparava um jantar de aniversário especial quando ele ligou dizendo que não se sentia bem. Perguntei se ele queria que eu levasse a comida até o apartamento dele. 'Não', disse ele. Ouvi uma voz ao fundo. Fiquei tão chateada que resolvi ir até o apartamento dele. Ele tinha saído. Liguei de meia em meia hora ao longo da noite, mas não o encontrei. Quando consegui falar com ele no dia seguinte, ele admitiu que estava com outra pessoa. Rompemos na mesma hora, mas depois voltamos. Rompemos e voltamos algumas vezes durante um mês, mas ficava cada vez mais óbvio que ele não conseguiria concretizar nossos planos de morarmos juntos. Logicamente, estava saindo com outra mulher, e as coisas ficaram feias. Fiz até análise para ver se conseguia esquecê-lo."

Ponto 4: A manhã seguinte

Nesse ponto, um compromisso formal foi selado e o relacionamento já esboça as características superficiais de algo mais perene. Quando um homem entra em pânico no ponto 4, costuma ser devastador.

Carole R. lembra: "Quando me casei com Bob, achava que finalmente havia tirado a sorte grande. Era o meu segundo casamento, meus filhos já estavam crescidos. Bob era maravilhoso, dizia que me adorava. Ansiava pelo casamento e prometeu que me compensaria por todos os problemas que eu sofrera no passado. Bem, na verdade, Bob começou a ficar um pouco estranho alguns dias antes da cerimônia. Reclamou, por exemplo, que minha filha mais velha não sorrira para ele ao entrar em casa – pequenas coisas. Antes, porém, não havia nada de errado comigo, nem com meus filhos, meus amigos ou meu trabalho. No entanto, poucos dias depois do casamento, ele começou a apontar defeitos em mim. Ao fim do primeiro ano, tudo em mim estava errado. Eu tentava mudar, mas ele sempre encontrava outro defeito. A maneira como eu andava, falava, lavava a louça. Quando eu entrava na sala, Bob demonstrava claramente seu desagrado. Ele também adoeceu. Deve ter ficado com gripe durante uns quatro meses seguidos. Eu já havia passado por algo semelhante e sabia que ele não estava conseguindo lidar com o casamento. Acho que ele queria que eu tomasse a iniciativa de terminar. Quando percebi que ele começou a olhar para outras mulheres, sugeri que nos separássemos. Acho que se eu fosse um pouco mais jovem ou mais insegura, ficaria simplesmente arrasada."

Depois do relacionamento – reconhecendo que não é culpa sua

A mulher que se envolve com um desses homens *também* tem um comportamento-padrão. No início do namoro, é muito provável que ela esteja menos interessada do que o homem, mas acaba sendo conquistada pela intensidade do interesse dele. No fim, ela acaba completamente confusa.

Todas as mulheres com quem conversei manifestaram a suspeita de que algo que elas fizeram ou disseram tenha afugentado os homens. Se elas os pressionaram, sentem-se culpadas, mas também se acusam se deixaram o relacionamento rolar sem uma definição. Mesmo sabendo que não foi por causa delas, as mulheres sempre acham que são responsáveis pela fuga do homem.

Ocorre que, na maioria dos casos, não houve nada de errado no relacionamento. Pelo contrário. Na verdade, parte do problema é que o homem se afasta quando as coisas começam a dar *muito* certo. A única coisa errada é que ele simplesmente não consegue se comprometer. Portanto, quando percebe que o dia do casamento se aproxima – mesmo que essa percepção nada tenha a ver com a realidade –, ele de repente dá uma guinada de 180 graus, começa a fugir da mulher e, em alguns casos, literalmente some de vista.

A situação não é culpa da mulher, mas acaba se tornando um problema dela

Em um mundo ideal, uma mulher simplesmente seria carinhosa, gentil, atraente, inteligente, realizada e receptiva – e os homens grudariam nela. Sinto informar, mas não é assim que as coisas acontecem. Mulheres maravilhosas não estão tendo namoros maravilhosos com homens maravilhosos. Mas elas não acreditam nisso. Pensam que deveriam ser ainda mais maravilhosas – perfeitamente lindas, perfeitamente amorosas, perfeitamente pacientes –, ou seja, absolutamente perfeitas. Estejam certas de que isso não funcionará. Sabem por quê? Quando os homens que temem o compromisso olham para a sua perfeição, sabem que você é o tipo de mulher que se leva ao altar e com quem se vive feliz para sempre. Como é exatamente isso que eles não querem, correm na direção oposta. A culpa não é sua, mas certamente já se tornou um problema seu.

Vamos ver então o que você pode fazer para se proteger e mudar seus futuros relacionamentos com os homens. Em primeiro lugar, você precisa saber quando está se envolvendo com um homem desse tipo. Também deve entender que muitos comportamentos seus podem piorar o problema. Para se proteger em relacionamentos com homens com fobia a compromisso aprenda a:

1. Identificar o homem que sofre desse mal *antes* de se envolver.
2. Avaliar se um homem pode ou não ser modificado.
3. Determinar se o esforço vale ou não a pena.
4. Imunizar um homem com fobia a compromisso antes que ele comece a reagir de acordo com seus medos.
5. Recusar-se a assumir a responsabilidade e a culpa pelos comportamentos absurdos de alguns homens.
6. Adotar as mudanças em suas atitudes que promoverão as mudanças que você espera no comportamento dele.
7. Impedir que ele fuja novamente.

Nos próximos capítulos você saberá como fazer tudo isso.

Capítulo 2

O homem que você ama tem medo de amá-la?

Identificando o homem com fobia a compromisso – o padrão na confusão

Não é difícil reconhecer um homem que sofre de fobia a compromisso. Dividido entre a necessidade de amar e um medo incontrolável de se comprometer, ele é incapaz de esconder seu conflito. Sua confusão cria um padrão de comportamento tão claro quanto impressões digitais.

Quando um homem com fobia a compromisso conhece uma mulher que o atrai, no início ele geralmente a faz se sentir tão segura que ela tende a ignorar as pistas que denunciam o problema dele. Mais tarde, quando já está envolvida, ela perdoa ou justifica os sintomas da fobia. É difícil acreditar que um homem tão dedicado tenha se transformado em uma pessoa esquisita.

O típico homem com fobia a compromisso é confuso e confunde as mulheres. Aquela que se envolver com ele geralmente irá descrevê-lo "como se fosse duas pessoas". E ele é. É um homem que está lutando contra demônios terríveis. Por um lado, tem um desejo enorme de desenvolver um relacionamento. Por outro, quando isso acontece, ele é dominado pela vontade de fugir. Esse é um problema *dele*, mas quando você se envolve um problema se torna *seu*.

Mesmo que o problema seja leve, acredite quando digo que ele realmente não consegue disfarçar seu conflito no campo dos compromissos. Ele pode tentar mascarar, justificar ou explicar o problema, mas a verdade é que não o controla. E como resultado, seu conflito interno o leva a agir de formas muito específicas. É só ficar atenta. Este capítulo vai lhe mostrar como.

As mulheres, infelizmente, também costumam reagir a esses homens de maneira previsível. Quando uma mulher se envolve com um indivíduo com fobia a compromisso, é muito difícil para ela saber o que está ocorrendo.

Conversei bastante com várias mulheres que certamente são como você. Elas não são burras nem ingênuas. São inteligentes, perspicazes, sensatas e sensíveis. Ainda assim, cada uma deixou claro, ao narrar sua história, que foi manipulada por um homem incapaz de amar. Quando o observamos de uma distância segura, esse tipo de homem mostra muito bem quem ele é. Mas quando essa situação está acontecendo com você, quando ele está lhe dizendo como precisa de você, quer você, quanto a ama, você quer desesperadamente acreditar nele e se esforça para isso, mesmo sendo uma pessoa lúcida e até cética.

E, apesar de todas as dúvidas e do ceticismo, você se deixa convencer e decide dar uma chance a esse homem, a esse amor. Infelizmente, é justo nesse ponto que o problema começa. Mas não se culpe. Embora você tenha se comportado de forma previsível, o problema está *nele*. Sua única falha é que você foi treinada para reagir favoravelmente a um homem que age como um cavaleiro de armadura reluzente, o herói que vai levá-la em seu cavalo em direção a um lindo pôr-do-sol.

Então o que você pode fazer a respeito? Acredito piamente que há várias medidas a serem tomadas. A primeira – e é disso que este capítulo vai tratar – é reconhecer o padrão dele.

A conquista/síndrome do pânico em ação: os sinais de advertência da fobia a compromisso

Todas as mulheres que mencionaremos a seguir falam de relacionamentos com homens que as conquistaram e depois entraram em pânico. Cada uma delas está se sentindo infeliz, rejeitada e confusa em relação ao que vem acontecendo. Cada um dos relacionamentos descritos a seguir serve como um bom exemplo do modo como um homem se comporta quando a ansiedade causada pela fobia a compromisso está controlando sua vida:

"Quando ele está comigo, tudo é maravilhoso. Mas ele sempre desaparece; às vezes fico sem vê-lo e não ouço falar dele por semanas."

"Poucas horas depois do noivado, ele mudou. Agora está temperamental, fechado e sempre provocando brigas. Achei que seríamos muito felizes, não entendo o que aconteceu."

"Sozinhos em meu apartamento, você não imagina como somos próximos. Mas quando saímos ele age como se mal me conhecesse. Até ao andarmos na rua ele caminha mais rápido, ou mais devagar, ou de forma diferente – nunca no mesmo passo."

"Ele disse que estava se sentindo sozinho e agia como se nosso relacionamento fosse a coisa mais importante do mundo. Mas depois de uns dois meses começou a namorar duas outras mulheres. Sei que ele me ama, mas isso está me deixando louca."

"Ele ia me esperar todo dia na saída do escritório. Era maravilhoso comigo. Seis meses depois, quando ele passou no exame da Ordem dos Advogados, liguei para alguns de seus amigos e fizemos uma festa-surpresa. Passados dois dias, sem explicações, ele disse que não poderia mais me ver."

"Nós nos conhecemos no trabalho, e ele fez de tudo para chamar minha atenção. Finalmente, nós saímos. Conversamos sem parar. Ele chorou quando me contou sobre como se sentia mal em relação ao divórcio e a seus filhos. Finalmente, às 4h da manhã, fomos para o meu apartamento. Nós nos sentíamos tão próximos que seria ridículo dizer não, pois eu sabia como queríamos um ao outro. Achei que estávamos começando um relacionamento verdadeiro. Agora, no trabalho, ele raramente me cumprimenta, e demonstra raiva ao falar comigo. Não posso acreditar que ele me rejeitou só porque eu transei com ele."

"Começou na noite anterior ao casamento, quando ele reclamou do meu vestido, dizendo que era inapropriado para uma noiva de meia-idade. Foi tão cruel que fiquei chocada. Ele tinha sido extremamente gentil até então. Pensei que ele estava nervoso, mas agora, um ano depois, nada do que eu faça ou diga lhe agrada. Nada. Mas quando sugiro o divórcio, ele chora e promete mudar."

Como ele evita o "para sempre"

Se você atraiu o interesse de um homem com fobia a compromisso, descobrirá que ele muda drasticamente quando o relacionamento corre o risco de durar "para sempre".

Normalmente, o clássico relacionamento com homens que têm essa fobia passa por quatro estágios distintos:

1. O começo: ele só consegue pensar em quanto quer você.
2. O meio: ele sabe que tem você, e isso o assusta.
3. O final: você o deseja, mas ele sai correndo apavorado.
4. O amargo fim: está tudo acabado e você não sabe o motivo.

O começo: conquista destemida

Esse estágio é caracterizado pela conquista agressiva. Ele está obviamente encantado e tenta desesperadamente fazer com que você sinta o mesmo. Para conseguir isso, ele não mede esforços. A duração do começo depende do tempo que ele leva para "vender seu peixe" e de quando ele percebe que o compromisso vai levá-lo em direção ao "para sempre".

Este é o comportamento típico:

1. Ele investe pesadamente e parece estar mais interessado em você do que você nele.
2. Em pouco tempo ele diz que acha você "especial" e perfeita.
3. Ele tem um histórico conturbado com mulheres, mas a faz acreditar que com você será diferente.
4. Ele faz tudo o que pode para impressioná-la: se tem dinheiro, gasta; se tem algum talento especial, o exibe; se tem "sensibilidade" ou "profundidade emocional", as revela.
5. Ele parece vulnerável e age como se precisasse mais do relacionamento do que você.
6. Ele dá a entender, com palavras e ações, que está procurando um relacionamento monogâmico, profundo, e não apenas um caso.
7. Ele está disposto a deixar tudo para traz para ficar com você, a abanonar outros planos, a percorrer grandes distâncias, etc.
8. Ele telefona a todo momento, muitas vezes "só para dizer oi" ou "apenas para ouvir sua voz".
9. Ele fala abertamente no "futuro", tecendo planos sobre coisas que vocês farão juntos. Ele pode até se referir a vocês dois como "nós".
10. Ele age como se você fosse prioridade na vida dele.
11. Ele parece sensível a questões femininas e critica os homens que são insensíveis e agressivos com as mulheres.

12. Ele faz de tudo para que você confie nele – e você acaba confiando.
13. Ele a convence a assumir um compromisso (emocional e/ou sexual).

O meio: os primeiros sinais de pânico

O meio costuma ser o momento em que você é conquistada e ele sente que espera dele algum compromisso real. Pela primeira vez na relação esse homem vai se defrontar com a própria dificuldade em se comprometer. Esse estágio é caracterizado por conflito e dúvida. Você está dando o que ele diz desejar, mas, em vez de ficar feliz, ele se sente pressionado e hesitante. Quando está com você, experimenta as primeiras pontadas da ansiedade causada pela fobia a compromisso. Como geralmente ele não entende o que está acontecendo, começa a justificar seu medo encontrando defeitos em você. Em alguns casos, o pânico do homem é tão intenso que esse estágio acaba sendo muito curto, levando a relação direto ao fim. Em outros, o meio se prolonga interminavelmente, mantendo o relacionamento vivo por muitos anos infelizes.

Este é o comportamento típico:

1. Ele parece estar se afastando, como se algo o estivesse assustando. Deixa de telefonar com freqüência, de ser atencioso, etc.
2. Suas palavras e ações passam a ser cheias de mensagens ambíguas.
3. Ele deixa claro que determinadas áreas importantes da vida dele, como amigos, família e trabalho, são "zonas proibidas" e exclui você de algumas ou da maioria delas. E costuma apresentar desculpas plausíveis ao fazer isso.
4. Ele foge de eventos que incluam sua família e amigos e evita passar muito tempo com essas pessoas. É como se

tivesse certeza de que alguém ali sabe de alguma coisa negativa sobre ele.

5. Ele a trata como se você não fosse mais prioridade e tem um milhão de desculpas para isso.
6. O comportamento sexual dele se modifica e ele, sutilmente, faz você acreditar que a responsabilidade é sua.
7. Ele estabelece um cronograma determinando quando e como terá tempo para você e parece ter sempre outras prioridades que precisam ser atendidas. Por definição, isso perturba a evolução natural do relacionamento.
8. Ele trata cada um de seus pedidos como se fosse uma exigência e se incomoda com o fato de que você "conta com ele". Ele mostra que não gosta de "expectativas", mas não esclarece quais são.
9. Ele nunca parece "ouvir" o que você diz e presta cada vez menos atenção nas suas necessidades.
10. Ele elogia sua lealdade, devoção, inteligência, compreensão, além de suas habilidades na cozinha – todas qualidades "dignas de uma esposa" –, mas, ao mesmo tempo, elas parecem deixá-lo desconfortável.
11. Ele passa a ter problemas para ver você. Por exemplo: ele "nunca encontra vaga perto da sua casa". Ele tem "dificuldade para dormir na sua cama". Você "mora muito longe". Ele é "alérgico ao seu gato".
12. Ele começa a apontar defeitos em você e a encontrar razões pelas quais o relacionamento não vai dar certo. Ele pode até magoá-la se os tais "defeitos" forem coisas que você não pode mudar, como sua nacionalidade, idade ou tipo físico. Ou ele pode jogar esses "defeitos" na sua cara quando finalmente decidir terminar o relacionamento. (Curiosamente, esses "defeitos" dificilmente têm algo a ver com qualquer coisa que você tenha feito. Eles estão ligados ao

que "você é". Esse homem tinha plena consciência dessas características quando resolveu conquistá-la.)

13. Ele pode deixar pistas de que está interessado ou até mesmo saindo com outra mulher (geralmente alguém do passado dele).
14. Se estiver saindo com outra mulher, ele mente sobre isso, garantindo que você é a pessoa mais importante na vida dele.
15. Ele está em conflito profundo e pode reagir a suas ameaças de pôr fim ao relacionamento prometendo mudar. Ele é até capaz de chorar.
16. Apesar de tudo o que ele diz, nada muda; ele não deixa o relacionamento avançar e se recusa a falar sobre isso.

O final: fugindo apavorado

Não há melhor maneira de resumir esse estágio do que dizer que o homem com fobia a compromisso está "em fuga". O seu parceiro romântico desapareceu, se transformou em um fugitivo. Ele foi além do que podia e tem consciência disso. Apesar de experimentar conflitos internos, seu maior impulso é o de fugir. Se tudo começou rápido demais, esse estágio pode ser alcançado em poucas horas. Existem, entretanto, muitos homens que preferem deixar a mulher tomar a iniciativa do término da relação; eles vão investir no fim até que você tome uma atitude.

Este é o comportamento típico:

1. A atitude dele em relação a você mudou quase por completo e ele deixa bem claro que está indo embora.
2. Ele passa menos tempo com você e não se preocupa em dar muitas explicações.
3. Ele insiste em querer mais espaço e flexibilidade.
4. Ele cancela encontros e desiste de planos.

5. Ele está freqüentemente mal-humorado, mas sempre tem uma desculpa para isso. Ele pode até dizer que isso "não tem nada a ver com você".
6. Ele ainda a confunde com mensagens ambíguas: uma hora ele só tem rejeição e críticas; no momento seguinte, amor romântico e total aprovação.
7. Ele se esquiva do sexo e põe a culpa no trabalho, no cansaço ou em uma doença. Ele insinua que se você fosse realmente compreensiva, entenderia.
8. Ele não faz nada para tentar melhorar a relação – nem ao menos falar sobre isso.

O amargo fim: a grande fuga

Nesse estágio, o homem com fobia a compromisso está tentando negociar um término, porém raramente sabe ao certo como fazer isso. Quando é possível, ele encontra uma forma de culpar a mulher ou de torná-la responsável. Ele também pode hesitar. Por quê? Porque sua ansiedade diminui no momento em que ele toma a decisão de partir, o que pode fazer com que volte a sentir algo pela mulher que ele planejava abandonar. Sua confusão e incapacidade de entender o que está sentindo geralmente produzem um comportamento estranho e fazem com que a mulher pense que ele está passando por uma grande dificuldade. Esse homem costuma terminar o relacionamento de uma ou de alguma combinação destas três formas:

1. Ele leva você a terminar o relacionamento ao provocar uma enorme discussão ou ao adotar um comportamento especialmente agressivo.
2. Ele se distancia tanto (pode até mudar de cidade) que o relacionamento morre pelo desgaste.
3. Ele pára de ligar, não retorna seus telefonemas e desaparece

completamente de sua vida, de uma maneira estranha e, ao mesmo tempo, destrutiva.

Fim do espetáculo: quando ele volta

Normalmente, tudo o que o homem com fobia a compromisso necessita para aliviar sua ansiedade é de distância. O relacionamento acabou e ele não está mais com medo. Dessa forma, o que ele sente por você está livre para voltar a aflorar, pois a ameaça desapareceu. Ele fica com saudades suas! Então ele telefona. Quando isso ocorre, em geral tudo se repete. A única diferença é que dessa vez o processo é muito mais rápido.

Capítulo 3

Por que ele não consegue amar?

Do que esse homem tem medo?

RUSS: gerente de investimentos, 32 anos, solteiro.

Com cerca de 1,90m, Russ parece um atleta profissional. Tem um doutorado no currículo e ganha mais de 100 mil dólares por ano. Russ poderia até ter um salário maior, mas ele não gosta de ficar por muito tempo no mesmo lugar e muda de emprego, em média, uma vez por ano. Quase todos os anos há um período em que fica desempregado.

Russ vem de uma família grande e unida. Os pais, as duas irmãs e o irmão são muito bem casados. Apesar de ter comprado uma casa na praia e outra nas montanhas para esquiar, Russ continua morando com os pais. Ele diz que segue seu próprio caminho e acha conveniente e econômico continuar desse jeito.

Russ teve muito poucos relacionamentos que duraram mais que alguns meses. Ele diz que as mulheres geralmente querem algo sério após cinco ou seis encontros, e não é o que ele quer. Quando isso acontece, ele se afasta, deixa de ligar ou aciona a secretária eletrônica e não retorna as ligações. No seu escritório, a secretária tem ordens para dizer que ele saiu.

Ele gostou de ir para a cama com pelo menos meia dúzia de mulheres que tentou conquistar por uma ou duas noites e depois deixou de procurar. Em sua vida pessoal e social, ele odeia "a formalidade de fazer planos para o futuro". Nos negócios "as coisas são totalmente diferentes", e ele marca reuniões com semanas de antecedência. Russ faz uma clara distinção entre negócios e vida pessoal. "Para mim, é fácil tomar decisões. Compromissos são quase impossíveis", afirma.

No que diz respeito às mulheres, Russ não gosta da idéia de ter um compromisso permanente com alguém, e diz que a única forma de lidar com o casamento é considerá-lo como algo "temporário".

No ano passado, Russ teve o que foi, provavelmente, o relacionamento mais importante de sua vida com uma mulher chamada Susan, que ele conheceu no trabalho. O namoro durou um ano. Russ diz que "foi ela quem terminou".

Tudo começou como na maioria de seus relacionamentos:

"Sou muito agressivo em tudo o que faço. Com relacionamentos, não é diferente. Comecei muito rápido com Susan. Na primeira noite em que saímos, ela gostou de um vestido que vimos na vitrine de uma loja. Na manhã seguinte, comprei o vestido e mandei entregá-lo no escritório dela. Achei que isso seria muito romântico, e funcionou. Dentro de três ou quatro semanas estávamos morando juntos no apartamento dela."

Apesar de Russ ter se mudado para o apartamento de Susan, ele deixa claro que não considerou isso um compromisso, e tem muitas explicações para justificar sua lógica.

"Morar juntos é apenas um acordo conveniente. Não quer dizer que haja compromisso de qualquer uma das partes. Morar juntos me poupou o tempo que eu perdia no deslocamento entre a casa e o trabalho. Mas deixei claro que estávamos livres para nos envolvermos com outras pessoas."

Russ diz que tudo foi bem nos primeiros meses, e todos achavam que ele e Susan formavam um casal perfeito.

"Ela fez o que pôde para me agradar. Estava sempre presente. Constantemente. Bastava eu dizer que queria fazer algo ou ir a algum lugar e ela estava pronta. No início tudo corria bem, mas de repente comecei a me sentir sufocado.

É aquela velha história: se você está procurando uma desculpa para achar defeito em alguém, isso é fácil. Passei a encontrar defeitos em Susan, o que foi agravado pelo fato de ela tentar mudar as regras, tornando as coisas mais sérias do que eu desejava. Quando isso acontece, começo a ter palpitações. Lembro-me de um incidente que ocorreu quando fomos visitar os pais dela. Eu não queria ir, mas acabei tendo que ficar para um jantar com toda a família. Eu só queria sair de lá. Pensei: 'Mas afinal, o que estou fazendo aqui? Isso é sério demais para mim.' Senti meu coração palpitar."

Russ conta que vários fatores contribuíram para o fim do relacionamento.

"Conheci uma mulher na loja onde comprava flores para Susan. Como eu sabia que ela estava trabalhando, levei a mulher para o apartamento comigo. Susan voltou mais cedo e nos encontrou."

Perguntei a Russ por que ele não foi a um motel. Ele disse que não conhecia a mulher muito bem e que não valia a pena o sacrifício. Obviamente valia a pena correr o risco de ameaçar seu relacionamento com Susan. Como se pode imaginar, ela ficou furiosa, mas Russ a convenceu de que a mulher não significava nada e que aquilo jamais aconteceria novamente. O relacionamento durou mais alguns meses, mas ficou seriamente abalado.

"Acho que eu estava com medo de assumir um compromisso sério com Susan, porque quanto mais o relacionamento durava, mais agressivo eu ficava. Fui realmente um canalha com ela. Não voltava para casa, pressionava-a no trabalho, saía com outras mulheres, afastei-a e acabei deixando de falar com ela. Susan era atraente, inteligente, tudo o que se poderia desejar, mas mesmo assim não me satisfazia. O que finalmente ocorreu foi que, certa noite, Susan me ameaçou dizendo que havia outro homem interessado nela. Não aceito ameaças, mas me senti mal porque imaginei que ela esperava que eu pedisse que ela deixasse de vê-lo. Mas eu não podia recuar, porque, se fizesse isso, ela me teria na palma da mão. Na manhã seguinte, fiz as malas enquanto ela tomava banho e fui embora. Susan era muito esperta. Ela disse que eu tinha muito medo de estabelecer um relacionamento sério e que jamais seria capaz de amar alguém de verdade. Quanto mais penso nisso, mais acho que ela pode ter razão."

Com muito medo de amar

Se você está envolvida com um homem que tem fobia a compromisso, a primeira coisa que deve procurar saber é o que *ele* está sentindo e pensando, e não o que *você* está fazendo ou dizendo para que ele se sinta tão apavorado e confuso. Na maioria dos casos, é essa visão tortuosa e complicada que ele tem sobre a vida, o amor e os relacionamentos que o está fazendo fugir.

É fácil dizer que homens como Russ não conseguem amar porque têm medo de compromisso. Difícil é entender os motivos do medo. Uma mulher geralmente sabe quando o homem está fugindo do compromisso, mas isso não a ajuda necessariamente a entendê-lo melhor ou a colocar um fim na relação. Nem a ajuda a se proteger do comportamento destrutivo dele.

Até hoje, a maioria das tentativas de entender a ansiedade

causada pelo compromisso levou em conta somente a perspectiva da mulher. Livros inteiros e as teorias por trás deles se baseiam exclusivamente nas experiências de mulheres com homens que têm fobia a compromisso e em suas interpretações dessas experiências. Na melhor das hipóteses, isso expõe somente metade do problema.

Infelizmente, as mulheres tendem a se culpar por seus fracassos amorosos. Elas dizem coisas como "Eu estava carente demais", "Eu fui rápida demais", "Acho que fui tola em acreditar nele" ou "Onde será que errei?".

Quando uma mulher percebe que está lidando com um homem que tem fobia a compromisso, ela tende a achar que é capaz de fazê-lo mudar e de ajudá-lo a superar seus medos. Assim tenta ser mais carinhosa e amorosa, procura atender as necessidades dele de diversas maneiras ou ignora seus medos e torce para que eles desapareçam.

Infelizmente, todos esses gestos bem-intencionados produzem um efeito contrário no homem que está com medo. Se você parece ignorar a situação, isso é interpretado como um "truque" para conquistá-lo. Se faz um esforço extra para ser gentil e amorosa, ele pode interpretá-lo como uma tentativa de fechar o cerco da armadilha. De qualquer forma, tudo o que você consegue é afastá-lo ainda mais.

Depois de se empenhar em ser mais amorosa, carinhosa, atraente e compreensiva, você acabará descobrindo que o problema não está em suas falhas ou imperfeições. Nenhum dos seus esforços vai funcionar. Nenhum mesmo. O problema dele vai permanecer. Por quê? Porque ele não está reagindo a você, está reagindo ao ato de estabelecer um compromisso. As mudanças que você pode empreender não serão capazes de diminuir nele o medo de compromisso. Este só pode ser modificado com um claro entendimento da profundidade e da medida da fobia desse homem.

Entenda bem: ele não tem medo de amar. Ele tem medo do que o amor representa. Ele não tem medo de você, mas do que você representa. Em essência, é um homem que tem medo apenas destas duas palavras: "PARA SEMPRE".

Para sempre é um tempo longo demais

O medo de compromisso pode provocar uma série de sintomas desagradáveis, sendo que o predominante é a ansiedade. Se um homem tem uma leve fobia a compromisso, os relacionamentos que ele estabelece podem gerar uma vaga sensação de desconforto. Essa leve ansiedade pode ser amenizada simplesmente com um distanciamento emocional. Mas se o medo é intenso, a reação dele à ansiedade será forte, e a idéia de "juntos para sempre" pode gerar nele um grande pavor.

O que existe no compromisso e no "para sempre" que provoca tanto medo?

Nos últimos anos, o número de homens que fogem de compromissos vem alcançando proporções epidêmicas. Diversos livros e artigos têm sido publicados especulando as razões. Alguns sugerem que a inabilidade do homem em se comprometer é uma forte reação a anos de repressão no papel de arrimo da família. Outros acreditam que ela se deve parcialmente ao medo que o homem tem da independência da "nova mulher", sobretudo se ele se sente inferior. Mas muitos afirmam que é apenas reflexo da imaturidade – uma recusa a "crescer" e aceitar responsabilidades. Recentemente, foi sugerido que isso é produto da mentalidade Playboy – a crença de que um homem não deve se comprometer seriamente, para poder continuar buscando parceiras melhores, mais próximas de suas fantasias.

Existem, naturalmente, as explicações mais tradicionais: complexos de Édipo, medo de rejeição, egoísmo, narcisismo, baixa auto-estima, etc. É claro que todos esses fatores podem contribuir para agravar ou formular o problema, mas *nenhum* pode ser responsável pelas muitas ramificações da fobia a compromisso – ramificações, como veremos, que se estendem além da esfera dos relacionamentos. Em outras palavras, embora todos esses fatores possam *afetar* o problema, nenhum, sozinho ou combinado a outro, o *determina* de fato.

Então, o que há de tão assustador no compromisso? Minha primeira pista apareceu quando eu estava trabalhando em um projeto muito diferente. Coisas do destino. No ano passado, o Dr. Harold Levinson, um famoso psiquiatra, convidou-me para colaborar com ele na finalização de seu controvertido livro sobre as origens e a natureza das fobias.

Esse projeto veio bem a calhar. Ao entrevistar pacientes para o livro, eles geralmente me perguntavam o que mais eu estava escrevendo. Isso gerava discussões acerca do medo de compromisso, sobre o qual todos falavam abertamente. Como resultado, essas entrevistas me forneceram uma nova gama de percepções – o que foi muito especial.

Nunca me esquecerei da reação de um dos pacientes fóbicos quando lhe falei do meu livro. "Compromissos!", ele exclamou. "Não tenho problema com isso. Eu não me comprometo com ninguém." Então ele prosseguiu numa longa dissertação de 45 minutos sobre como o medo de compromisso tinha controlado e arruinado sua vida. Embora na época eu não fizesse a ligação entre uma coisa e outra, esse homem estava em tratamento médico por ter claustrofobia aguda.

Conversas assustadoramente semelhantes aconteceram com muitos dos pacientes fóbicos, mas não com todos. Com raras exceções, eram os claustrofóbicos que aparentavam ter mais dificuldade em assumir compromissos. E eram os claustrofóbicos que tinham mais dificuldade em formar e manter relacionamentos monogâmicos, mesmo que desejassem intensamente e precisassem muito de amor.

Fobia a compromisso: a ligação com a claustrofobia

O dicionário define *claustrofobia* como um medo anormal de locais fechados. Para o claustrofóbico, o medo de se sentir preso ou cercado provoca ansiedade, pavor e até pânico. Ao serem entrevistados, muitos dos pacientes com fobia me contaram que o mesmo medo podia ser provocado por *representações* simbólicas da sensação de estar preso, confinado ou detido por alguém. Essas representações incluem trabalho, estilo de vida e relacionamentos.

Obviamente havia uma ligação, embora eu tenha levado certo tempo para percebê-la. À medida que fui conversando com vários pacientes, as peças desse difícil quebra-cabeça começaram a se encaixar perfeitamente. Claustrofobia e fobia a compromisso: estávamos lidando com a mesma coisa? Seria a fobia a compromisso uma das ramificações da ansiedade claustrofóbica? Da emoção despertada quando esses homens se sentiam presos ou confinados?

Isso fazia todo o sentido. Compromissos são permanentes. Honrar um compromisso é respeitar e cumprir a decisão de ficar com alguém *para sempre*. O que poderia ser mais aprisionador? O que poderia causar mais claustrofobia?

Então comecei a pensar sobre os diversos homens "normais" que eu tinha entrevistado para o livro. Seus medos de compromisso não eram diferentes dos medos dos pacientes fóbicos, embora a maioria tivesse certeza de que os problemas em seus relacionamentos ocorriam por causa das falhas de suas parceiras. Estariam todos esses homens apenas se justificando? A raiz do problema seria a claustrofobia? Os pacientes claustrofóbicos que procuram ajuda médica seriam aqueles que tomaram consciência de seus medos? Suponho que, até certo ponto, isso seja verdade. Mas eu suspeitava que uma peça importante do quebra-cabeça ainda estava faltando.

Animado pela minha descoberta, decidi discutir a questão com o Dr. Levinson. Especialista no tratamento de fobias, ele logo mencionou a importância de reconhecer a existência generalizada de *tendências* claustrofóbicas em grande parte da população humana, assim como em muitas outras espécies de animais. Prenda 20 seres humanos – ou ratos – em uma pequena sala. Após algum tempo, a maioria vai se sentir desconfortável, ansiosa, agressiva ou mesmo completamente apavorada. (Diversos estudos têm sido realizados com animais de laboratório.) Em circunstâncias normais, a maior parte desses indivíduos não mostraria sinal de claustrofobia. No entanto, se o ambiente for muito restrito, essa tendência pode ser desencadeada e trazida à tona em praticamente *qualquer pessoa*.

Entender o significado de compromisso

Agora vamos dar uma olhada na natureza dos compromissos. Um compromisso, por definição, é o ato de ligar-se de forma obrigatória a algo ou alguém, seja um carro, um emprego, um animal de estimação ou uma pessoa. Ao comprometer-se, você está "preso" àquela obrigação enquanto durar o compromisso.

É fácil perceber como o ato de comprometer-se pode provocar uma forte ansiedade claustrofóbica. Se há um compromisso de longo prazo, e o homem pretende honrá-lo, isso pode parecer tão restritivo quanto estar trancado em uma pequena sala. Se o compromisso é eterno, como se espera de um casamento, é como estar trancado em um guarda-roupa. Embora o homem não esteja *fisicamente* aprisionado, ele se sente *psicologicamente* preso e a sensação é muito semelhante.

Em outras palavras, o confinamento psicológico pode ser tão claustrofóbico quanto o confinamento físico, ambos representando a perda da liberdade. Como resultado, qualquer compromisso sério ou duradouro pode ser visto como uma armadilha e, como qualquer armadilha, desencadeia a ansiedade. Quanto maior a armadilha, maior a ansiedade e maior a vontade de fugir.

O que ficou claro para mim é que as reações dos homens ao aprisionamento claustrofóbico representado pelo compromisso não diferem de quaisquer outras reações fóbicas. Em outras palavras, a fobia a compromisso é uma *fobia real*, com todos os sintomas físicos e psicológicos. O que também está claro é que se você realmente quer entender e mudar o padrão de comportamento destrutivo do homem com fobia a compromisso, precisa entender a origem dessa reação – isto é, a fobia em si. Mas, para isso, seria ideal saber primeiro um pouco mais sobre fobias em geral.

A reação fóbica: um alarme interno

Quando uma pessoa sente que está sob algum tipo de ameaça ou perigo, o corpo reage de uma maneira bem específica. Essa resposta reflexiva – esse "sistema de alarme" automático e inconsciente – é caracterizada por um ou mais destes sintomas:

- ondas de ansiedade
- sensação de medo
- hiperventilação e/ou respiração ofegante
- sensações de sufocamento
- coração palpitante ou acelerado
- desconforto no estômago
- suor excessivo
- calafrios

Em muitas situações, essas reações são totalmente esperadas e apropriadas. Não é surpresa, por exemplo, tê-las quando se é ameaçado por um doberman rosnando ou um assaltante armado. Mas elas podem ser desencadeadas por uma ameaça bem mais sutil, até mesmo por um objeto ou uma circunstância aparentemente inócuos – como um elevador, uma ponte, uma barata ou um relacionamento. Quando temos uma dessas reações agudas, quando a resposta do corpo ao medo parece exagerada ou absolutamente irracional, nós a chamamos de reação fóbica.

Graças ao trabalho de vários pesquisadores renomados, sabemos que a intensidade dessas reações pode variar consideravelmente, dependendo da sensibilidade do indivíduo e da importância da ameaça percebida.

Uma reação mais leve pode ser apenas um aumento da freqüência respiratória e da transpiração, ou uma ligeira demonstração de ansiedade. Isso acontece freqüentemente e é normal.

Uma reação mais forte pode ser caracterizada por uma ansiedade substancial porém controlável, uma aceleração da respiração e dos batimentos cardíacos, desconforto no estômago e tensão considerável. Esses sintomas podem causar mal-estar, provocar um leve medo, sentimentos de pânico e um desejo de fugir ou de evitar aquilo que está provocando a ansiedade – seja um túnel, uma cobra ou a pessoa amada.

Se o alarme interno está produzindo uma reação ainda mais intensa, os sintomas serão bem mais fortes. A pessoa pode ser inundada de ansiedade e sentir-se abatida por uma grande variedade de sintomas amplificados. Tudo isso é sentido como medo ou pânico, e o indivíduo acaba sendo compelido a evitar ou escapar do que está, aparentemente, desencadeando esses sintomas.

Assim como as reações fóbicas variam, o comportamento dos homens também pode assumir formas diferentes. Alguns se sentem apavorados diante de *todos* os compromissos, e se comportam de acordo. Outros conseguem lidar com compromissos de curto prazo, mas entram em pânico com qualquer coisa que seja permanente ou de longa duração. Há ainda os que conseguem assumir todo tipo de compromisso, mas nunca ficam inteiramente à vontade a partir do momento em que esses compromissos são iniciados (o que é conhecido como ansiedade crônica). Em outras palavras, a variedade de reações fóbicas é responsável pelos diversos tipos de homem com fobia a compromisso e pelas diferentes reações fóbicas a compromisso.

E o amor?

Para uma mulher, a parte mais dolorosa dessa experiência é que a atitude masculina parece mudar muito drasticamente. A mulher é, provavelmente, tão idealizadora quanto romântica. É fruto de uma cultura que a ensinou que o amor pode conquistar tudo. Ela achou que estava envolvida em um caso amoroso. O homem estava mentindo quando dizia ou fazia coisas tão afetuosas? Como pode alguém perder o interesse ou deixar de amar tão rapidamente? O que aconteceu? Ela fez algo errado? Quando um amigo e amante ardente, envolvente e preocupado se transforma em um homem indiferente e desinteressado, isso é, no mínimo, atordoante. A mudança geralmente é tão drástica que não é de admirar que a mulher fique achando que cometeu algum deslize que provocou esse comportamento.

Se você é essa mulher, é importante saber que esse homem pode esquecer que gosta de você. Ele é capaz de esquecer quanto se diverte com você, e como o sexo de vocês é ardente. Ele pode até se preocupar com seus sentimentos, mas o desconforto e a confusão que experimenta são grandes demais. Mesmo que ele estivesse consciente da dor que está causando, e mesmo que se sentisse totalmente culpado, não seria capaz de agir de outra forma. Na verdade, essa consciência provoca o efeito oposto: quanto mais culpa, mais ele se sente preso, e mais ele quer fugir.

Caso você se relacione com um homem que tem fobia a compromisso, o comportamento dele pode parecer totalmente inexplicável. Mas não se você entender que o motivo da fuga não tem ligação alguma com o fato de ele gostar de você, de se sentir atraído por você ou de se divertir com você. Ele foge porque se dá conta de que o relacionamento não pode prosseguir sem que ele assuma uma forma real de compromisso – e isso é algo que ele simplesmente não consegue fazer.

Estando consciente disso, fica mais fácil para você entender por que é tão difícil para ele envolver-se em um relacionamento sincero. Ele certamente sabe que deu o primeiro passo para firmar a relação. Se for um relacionamento de certa duração, é bem possível que ele tenha repetido muitas vezes quanto a ama. Até os momentos finais, ele deve ter continuado a agir como se quisesse prosseguir no relacionamento. Mas chegou uma hora em que ele simplesmente desapareceu, porque não conseguia ir adiante. E ele não espera que você entenda que foi o tremendo medo de assumir um compromisso que o fez fugir.

Fobia a compromisso: uma fobia real?

Se, como afirmei, a fobia a compromisso for uma fobia verdadeira, é de se esperar que provoque os sintomas clássicos, ao menos em certo grau, diante daquilo que desencadeia a fobia (isto é, o compromisso). Para investigar essa possibilidade, perguntei a todos os homens que entrevistei: algum relacionamento seu já provocou sintomas físicos desconfortáveis, como dor de estômago, palpitação ou hiperventilação? Quando? Você alguma vez se sentiu sufocado, oprimido ou pressionado por um relacionamento sério? Lembra-se de quando isso ocorria? Algum relacionamento já desencadeou uma sensação de pânico? Havia problemas na época ou estava tudo bem?

As respostas foram simplesmente fascinantes. Não apenas confirmaram minha hipótese como claramente demonstraram que o medo de compromisso é sentido de modo intenso e profundo. Neste livro você vai encontrar muitas respostas masculinas a essas perguntas, mas os típicos exemplos a seguir já dão uma idéia do que está por vir.

Joshua M., falando sobre seu casamento: "Agora eu sei como se sente um animal enjaulado. Sua liberdade é retirada. Não há razão para viver."

Andy B., falando sobre seus sentimentos pela ex-noiva: "Eu a via e congelava... virava a esquina e seguia na direção oposta. Eu sentia o sangue e a adrenalina percorrerem minha cabeça, dizendo 'Saia daí. Corra... fuja! Essa fronha enorme está vindo cobrir a sua cabeça. Fuja!'"

Gregory D., sobre as mulheres em geral: "Quando uma mulher me valoriza demais, sinto-me preso por sua expectativa – a expectativa de sempre poder contar comigo quando precisar. Então quero fugir dela e desse sentimento."

Frank M., sobre relacionamentos: "Quando sinto que estou ficando preso, reajo violentamente. Fico sufocado... e aí enlouqueço. Os pêlos da minha nuca ficam arrepiados."

Dick D., sobre porque terminou seu último relacionamento: "Eu estava sentado em uma cadeira e ela no chão, perto de mim, com as mãos nos meus pés. Eu olhei para baixo e me senti acorrentado."

Um medo que atravessa a alma

A maioria dos especialistas em fobia observou como os fóbicos são obcecados, dominados por seus medos. Eles sentem medo não apenas quando estão acordados, mas também quando estão dormindo. Não é incomum, por exemplo, alguém que tem medo de altura sonhar que está "caindo", ou alguém que tem medo de água sonhar que está se afogando. Diante disso, não é surpresa que muitos acometidos da fobia a compromisso tenham pesadelos que envolvam relacionamentos, especialmente se estiverem vivendo uma relação na qual o "para sempre" ou o "compromisso" são possibilidades reais.

A história de Tom

Para entender por que o "para sempre" e o "compromisso" amedrontam esses homens, é importante saber como eles vivenciam esse problema. Vou falar de meu amigo Tom, um analista de sistemas de 33 anos que conheço há muito tempo. Quando suas irmãs se casaram, com uma diferença de poucos meses uma da outra, a família toda se perguntou quando seria a vez de Tom, que era o filho mais velho. Na mesma época, ele conseguiu um novo emprego. E foi aí que conheceu Gloria, que era sua supervisora. É assim que ele recorda o relacionamento:

"Horas após conhecer Gloria, eu estava apaixonado. Ela, não. Dei em cima dela durante bastante tempo. Criava frases inteligentes e mandava bilhetes divertidos, procurando chamar sua atenção. Ela fugia e eu a perseguia. Ela dizia que éramos muito diferentes e eu garantia que não. Passaram-se quatro meses até que uma noite, após um jantar romântico em um restaurante italiano, eu a convenci a ir ao meu apartamento e o caso começou.

Acho que nunca esquecerei como me senti depois de levá-la para casa na nossa primeira noite. Então ela disse algo que me fez querer fugir: 'Você não imagina como eu me acho uma garota de sorte por ter conhecido você. Só agora vejo que você tinha razão ao dizer que minhas hesitações eram bobagem.' E acrescentou: 'Estou feliz por você ter provado que minhas primeiras impressões estavam erradas.'

De repente percebi que todas as minhas investidas tinham sido mais eficazes do que eu podia imaginar. Tudo funcionara excepcionalmente bem. Tínhamos ido muito longe, rápido demais. De repente, era eu que não estava pronto, e aí entrei em pânico. Eu me peguei pensando: 'Não faça isso, há tantas mulheres no mundo...'

Eu tinha dito a Gloria que ligaria no dia seguinte, um sábado, mas, cada vez que eu chegava perto do telefone, sentia um peso no estômago. Sem saber por quê, estava com medo de fazer aquela ligação.

Então, naquela noite, eu tive um sonho. Ou, para ser mais preciso, um pesadelo. Foi muito real, muito assustador. Sonhei que estava em meu próprio casamento. A sala era enorme e eu tinha um mau pressentimento. As portas eram gigantescas e feitas de aço. Quando chegou a minha vez de dizer 'sim', entrei em pânico. Queria fugir mas não podia, pois tinha permitido que o relacionamento chegasse àquele ponto. Eu não tinha escolha e disse 'sim'.

Logo que aquela palavra saiu da minha boca, eu me senti péssimo. Pensei: 'Como pude fazer isso? Minha vida acabou.' O sonho era tão real que me fez despertar. Quando acordei, ainda sentia o terror, mas também sentia raiva da mulher no sonho que me tinha feito experimentar aquelas terríveis sensações.

Tive esse sonho muitas outras vezes, mas a primeira foi depois da noite que passei com Gloria. Na época, não liguei o sonho ao nosso relacionamento, porque a mulher em questão não era ela.

Mas, no domingo, o medo que tive de ligar para Gloria era, de alguma forma, maior do que no sábado. Também fiquei chateado, imaginando que ela estivesse esperando minha ligação.

Quando eu a encontrei no trabalho, na segunda-feira, estava muito nervoso. Tinha medo de enfrentar a raiva que ela poderia estar sentindo por eu não ter ligado. Fiz de tudo para evitar falar com ela, permanecendo distante e apenas cordial. Como poderia explicar o que estava sentindo? Eu mesmo mal conseguia entender. Tudo o que sabia é que queria me afastar dela o mais que pudesse."

Quando não há outra alternativa a não ser o compromisso

O desconforto de Tom não é incomum. Quando os sintomas da fobia a compromisso aparecem pela primeira vez, o homem realmente fica confuso. Afinal, essas reações acontecem com uma mulher de quem ele realmente gosta. Mas o relacionamento que no início causava prazer passa a provocar medo. Conseqüentemente, o homem se sente dividido. Por um lado, ele tem ternura pela mulher, mas, por outro, sofre de ansiedade e até mesmo pânico – sentimentos que o fazem se afastar.

Tom gostava realmente de Gloria e se sentia atraído por ela. Quando a descreveu para mim, enfatizou quanto a moça era competente, inteligente e admirável como ser humano. Ainda assim, ele mesmo reconhece que a tratou muito mal. O que Gloria sentiu? Não sabemos, porque Tom não lhe deu chance de dizer. Mas se ela era como as mulheres com quem conversei, provavelmente não entendeu por que um homem que passou meses cobrindo-a de elogios transou com ela somente uma vez e depois passou a ignorar sua existência.

Tom alegou que não pensava nos sentimentos de Gloria. Nem

cogitou que ela poderia achar que tivesse feito algo que o levou a se afastar – o que não era verdade, obviamente. O fato é que Tom sentiu que o relacionamento iria caminhar inevitavelmente rumo a um compromisso, e isso fez com que seu alarme interno fosse disparado. Depois disso, tudo o que ele queria era apagar o fogo.

Quando o pânico toma conta

Alguns homens sofrem de ansiedade crônica em relação a compromissos. Outros, como meu amigo Tom, se sentem bem enquanto estão conquistando uma mulher difícil, mas, no momento em que ela demonstra reciprocidade, tudo muda. Em vez de ser o conquistador, ele age como se fosse o conquistado. Essa reação geralmente não tem nada a ver com a realidade. A mulher está apenas dando as respostas que ele parecia querer. Mas o mecanismo de ansiedade do homem reage como se a sua vida estivesse ameaçada.

Ao evitar o relacionamento distanciando-se da mulher e, por fim, fugindo, o homem com fobia a compromisso pode diminuir sua ansiedade. Esse homem confuso e ansioso encontra uma solução simples: para atender à prioridade de comandar sua própria vida, ele tem que se afastar do relacionamento e, conseqüentemente, da mulher.

A reação de lutar ou fugir

A reação fóbica à ansiedade é comumente conhecida como reação de "lutar ou fugir". É uma reação presente não só nos seres humanos, mas também nos animais. O papel dessa reação na sobrevivência é bastante claro: é o meio que a natureza tem de mobilizar nosso sistema de defesa e nos preparar para o confronto com o perigo. Quando funciona normalmente, é um mecanismo vital que assegura a preservação das espécies, preparando-nos para combater a fonte de ameaça ou para fugirmos dela. Infelizmente, quando esse sistema não funciona da forma adequada, como no caso do comportamento fóbico extremo, pode ser terrivelmente destrutivo.

A reação de "lutar ou fugir" é conhecida por qualquer mulher que tenha vivido altos e baixos ao lado de um homem com fobia a compromisso. Quando ele se sente ameaçado pela "armadilha" do compromisso e a reação é desencadeada no corpo dele, há duas saídas: fugir do compromisso ou ficar e lutar contra você. Alguns fazem um pouco dos dois, mas, seja qual for a escolha, o relacionamento acaba em ruínas.

Partindo quando as coisas estão ficando boas

O que talvez seja mais espantoso acerca do homem com fobia a compromisso é que ele raramente foge ou luta quando o relacionamento está *ruim*, e sim quando está *bom*, o que parece contradizer completamente o senso comum. Foge-se de um relacionamento ruim, ou luta-se contra ele; aprecia-se e valoriza-se um bom relacionamento. Mas isso não vale para o homem com fobia a compromisso. Suas ações são guiadas pelo medo exagerado de se comprometer. Enquanto o relacionamento está conturbado, ele sabe que há razões para desistir e não há ameaça de prisão. Mas quando o relacionamento está dando certo, o alarme é ativado, a ansiedade vem fortemente à tona e, antes que você perceba, ele já está lutando ou fugindo. Um exemplo que muitas mulheres me deram é o de homens que lutam ou fogem após um fim de semana especial, ou depois de uma demonstração especial de amor por parte da mulher. Se a mulher entender esse comportamento aparentemente inexplicável, ela deve concluir: estou envolvida com um homem que não consegue amar.

A reação fóbica a compromisso também explica por que muitos desses homens são tão carinhosos e apaixonados em um determinado momento e tão agressivos em outro. Se eles realmente odiassem as mulheres, seriam agressivos o tempo todo. Mas não é o caso. O homem fóbico pode ser extremamente afável e amoroso – de modo exagerado – até alcançar o seu limite fóbico. Só então, quando seu alarme interno é ativado, sua fúria vem à tona. Embora eu não esteja sugerindo que você tenha pena desse homem, peço que reconheça que seus demônios internos o transformam em um personagem patético – um prisioneiro do próprio medo.

Um velho problema com um novo enfoque

Fobia a compromisso não é algo novo. Homens sempre tiveram receio de compromisso, e suas reações automáticas ao medo de se sentirem presos são tão antigas quanto a própria espécie. Mas, nos dias de hoje, o medo de compromisso está destruindo o tecido da sociedade como nunca ocorreu em qualquer outro período da história.

O que é ao mesmo tempo interessante e ruim é que essa súbita mudança é atribuída à revolução sexual, à libertação feminista, à conscientização e a outros fatores importantes que nos elevaram a um novo patamar de "igualdade". Em outras palavras, as mesmas mudanças que aproximaram homens e mulheres também os estão separando.

Durante os "bons e velhos tempos", ser solteiro por muito tempo não era bem visto pela sociedade. Atraía olhares suspeitos de vizinhos fofoqueiros que passavam a especular sobre tendências homossexuais, problemas sexuais e complexo de Édipo.

Além disso, o homem solteiro ainda tinha que enfrentar a ameaça de tornar-se o filho condenado a cuidar para sempre da mãe senil – um destino muito pouco atraente. Por outro lado, "envolver-se" não era algo assim tão sério, pois os rituais de conquista abrangiam muito menos intimidade que os atuais. Se o homem não quisesse ser celibatário a vida inteira, encontraria uma gama muito pequena de oportunidades fora do casamento. Portanto, quanto mais o corpo pedia satisfação, mais o homem era impulsionado em direção ao único caminho legítimo que aplacaria esses anseios.

No fim da década de 1950, o casamento era o único caminho "permitido" para o homem comum. No livro *The Hearts of Men* (Os corações dos homens), a famosa feminista Barbara Ehrenreich diz:

"A idade média para que um homem se casasse, no fim dos anos 1950, era de 23 anos, e, de acordo com a sabedoria popular, se o homem esperasse muito tempo, por exemplo, até os 27 anos, 'ficava sob suspeita'. Por volta dos anos 1950 e 1960, a psiquiatria desenvolveu um grande apanhado teórico estabelecendo que o casamento – e, dentro dele, o papel do chefe de família – era o único estado normal para o homem adulto. Afora isso, havia outros diagnósticos, todos desfavoráveis."

Então, nosso homem pré-histórico (antes de 1960) se deixava conduzir a um relacionamento monogâmico, assumia compromissos e apagava o fogo que queimava seu corpo. Quando ele começava a perceber "o cerco se fechando", já estava comprometido há muito tempo e havia muito poucos meios de desistir. Então ele se casava.

Uma vez casado, o homem com fobia a compromisso estava verdadeiramente preso, já que o divórcio era pouco aceitável. Se a vontade de fugir se tornasse forte demais – o que ocorria freqüentemente –, ele tinha poucas escolhas, sempre dentro das fronteiras do casamento. Alguns homens encontravam no álcool um meio de escapar da realidade. Outros se dedicavam totalmente ao trabalho. Os mais audaciosos tinham casos amorosos, enquanto outros simplesmente se enterravam nos jornais diários e se "desligavam" das esposas. Muitos faziam tudo isso ao mesmo tempo.

Enquanto muitas mulheres ainda podem estar vivendo em meio ao inferno que acabamos de descrever, hoje em dia os relacionamentos com homens que têm fobia a compromisso tendem a obedecer a uma nova dinâmica. Graças à influência libertária de mudanças sociais recentes, incluindo a revolução sexual, o movimento feminista e uma conscientização geral, os homens não *têm* que se casar para conseguir o amor ou o sexo que só o casamento costumava trazer. E um homem pode permanecer solteiro até por volta dos 40 anos sem causar muita surpresa.

Chamamos a isso progresso. É maravilhoso viver numa época em que se tem tamanha liberdade. Acontece que essa liberdade está causando muitos problemas nos relacionamentos. É como se os homens tivessem saído da jaula – que, mesmo sendo acolhedora e amorosa, não deixa de ser uma jaula –, e, como qualquer animal que se sente ameaçado, seu primeiro instinto é correr.

As muitas ramificações da fobia a compromisso

Como descobri ao longo das minhas entrevistas, a fobia a compromisso raramente se restringe a relacionamentos interpessoais. O homem com essa fobia tende a temer qualquer tipo de compromisso. Ele tem medo de *qualquer* coisa que tenha uma qualidade permanente e fixa. Seu problema com as mulheres é apenas uma parte – embora significativa – de outra questão bem maior.

Tom, um dos primeiros homens que entrevistei, observou que seu medo de compromisso abrangia tudo. Nunca conseguia se comprometer inteiramente com um local de moradia ou um emprego. Alugou uma televisão porque não conseguia decidir que aparelho comprar, e percebeu que era difícil ou mesmo impossível lidar com as compras de valor mais alto.

Ao perceber que as reações de Tom não eram únicas, introduzi novas perguntas em minhas entrevistas: Você tem dificuldade em fazer grandes compras? Você tem um imóvel próprio ou paga aluguel? Quanto tempo você se imagina morando lá? Você tem uma carreira que o satisfaz? Tem animais de estimação? Tem um carro? Tem dificuldade em fazer planos a longo prazo? Em tomar decisões em geral? Você tem outras dificuldades relacionadas a compromisso?

As respostas a essas perguntas foram tão fascinantes quanto assustadoras. Para a maioria dos entrevistados, problemas com relacionamentos pessoais eram só a ponta do iceberg. O medo de compromisso permeava a vida deles. Em alguns, o simples fato de ouvirem a palavra "compromisso" já causava uma ansiedade considerável.

Alguns admitiram ser obcecados por compromissos, atormentados e freqüentemente paralisados por eles. Outros tinham idiossincrasias que jamais imaginei. Muitos fugiam de obrigações sociais, e eram ridiculamente irresponsáveis. A maioria odiava a idéia de se comprometer com alguma associação ou partido. Alguns se recusavam a votar, porque não conseguiam escolher um candidato. Outros não escreviam cartas porque não suportavam a idéia de registrar seus pensamentos em um papel "para sempre". Muitos não aceitariam ter as vozes gravadas. Vários não usavam caneta. Um deles escreveu as respostas a lápis e depois apagou tudo.

Estava tudo evidente. Fobia a compromisso não era apenas um problema que os homens tinham com mulheres, era um estilo de vida. E esses homens não odiavam ou temiam as mulheres – assim como não odiavam ou temiam suas carreiras ou seus lares. O que eles odiavam e temiam era o compromisso em si, independentemente de com quem ou com o que fosse estabelecido. Lancemos um olhar mais profundo sobre alguns dos padrões de comportamento mais comuns à fobia a compromisso.

A questão da indisponibilidade e da inacessibilidade que se estendem muito além de como ele age com você

A maioria dos homens entrevistados revelou seu medo de se sentir preso de uma ou mais das seguintes maneiras:

1. Comportamento muito peculiar ao telefone.

As mulheres me disseram – e os homens confirmaram – que eles eram difíceis de contatar por telefone, e que geralmente eram imprevisíveis em relação a atender os telefonemas. Alguns propositadamente não tinham secretária eletrônica em casa. Outros tinham, mas nunca deixavam ligada. Os mais fortemente acometidos por fobia a compromisso desligavam seus telefones ou os mantinham permanentemente ligados a secretárias eletrônicas, e deixavam claro para todos os amigos que não estavam disponíveis para retornar prontamente as ligações.

Mais de um dos entrevistados tinha uma secretária (ou equivalente) treinada para dar informações falsas a respeito de seu paradeiro.

Outros cenários relativos ao telefone:

- O vendedor de casacos de pele que estimula as mulheres a telefonar para ele, fornece instruções específicas a respeito de como e quando fazê-lo, mas nunca está no número informado.
- O executivo de alto escalão que fornece um único número: o do bar que freqüenta, onde todos estão treinados a responder: "Ele ainda não passou por aqui."
- O advogado que de tantos em tantos meses muda seu número

que não consta da lista por outro que também não consta da lista.

- O redator cuja mensagem da secretária eletrônica é: "Não estou no momento e esta secretária não recebe mensagens."

2. Ele hesita em comprometer-se a realizar planos com outros, ou não é cem por cento confiável para concretizar tais planos.

Cada um dos homens com fobia a compromisso com quem conversei disse que preferia não se comprometer com planos futuros na sua vida pessoal, e que só o fazia quando necessário.

Muitos admitiram que eram tidos como pouco confiáveis por todas as pessoas de seu convívio, incluindo familiares e amigos. Isso não se aplicava, no entanto, às relações de trabalho.

Mary, uma enfermeira que entrevistei, disse que, se tivesse prestado mais atenção ao modo como seu ex-namorado Gordon tratava os próprios familiares e amigos, jamais teria se envolvido com ele – e muito menos esperado que ele se casasse com ela.

"Na verdade, Gordon gostava da mãe e do pai, mas era terrível com eles. Nunca os visitava porque eles moravam a três horas de distância e ele teria que se programar – algo que não queria fazer. Eles podiam visitá-lo de dois em dois meses, mas aí Gordon se queixava por precisar programar-se para estar disponível quando eles chegassem. Eu sei que isso incomodava sua mãe, mas ele não achava estranho ser tão esquisito. Ele também não se comprometia com nenhum evento familiar, incluindo festas de fim de ano, casamentos e aniversários. Tirando isso, tinha uma boa relação com os pais, falava com eles ao telefone regularmente e se referia a eles e à sua infância com carinho.

Margo, uma assistente administrativa, tem uma história semelhante sobre o ex-namorado, Matt.

"Na primeira vez que encontrei Matt – o homem que partiu meu coração e me deixou falida por causa de todo o dinheiro que gastei com terapia tentando me recuperar do fracasso amoroso –, uma das primeiras coisas que ele me contou foi que sua mãe estava com raiva dele. Ele tinha prometido levá-la a um casamento que era importante para ela, mas acabou dormindo e perdeu a hora. Disse também que isso já acontecera outras vezes, e parecia profundamente aborrecido. Na época, optei por alimentar o ego dele e suas racionalizações, concordando que sua mãe era difícil e exigente, e que ele estava apenas se defendendo ao evitá-la. Mais tarde, encontrei alguns de seus amigos que me disseram como Matt era pouco confiável, e como raramente comparecia aos compromissos. Novamente optei por ignorar tudo, achando que ele provavelmente tinha uma boa razão para fazer isso. Foi somente na fase final do nosso relacionamento, quando ele esquecia um encontro, dormia demais ou evitava mais da metade dos eventos que planejávamos, que me lembrei dessas histórias."

3. Num evento social, ele não se diverte e freqüentemente se sente aprisionado. Mostra desconforto e parece chateado e mal-humorado.

Qualquer um pode se sentir preso num evento social – uma festa a que não queremos ir, um concerto que não queremos ouvir, um evento familiar que preferimos evitar. Isso é normal. Também é normal perceber que o evento tem duração efêmera e que, por algum motivo, temos a obrigação de manter uma atitude civilizada e procurar aproveitar aquilo ao máximo. Mas não é o que acontece com o homem que tem fobia a compromisso. Ele age com veemência. Seu desconforto é tão grande que ele não consegue fingir nem aproveitar a situação, e acaba deixando qualquer um – principalmente a mulher que está com ele – bastante infeliz.

4. Ele pode ter fobia a qualquer compromisso relacionado ao trabalho.

Analisemos agora o homem com fobia a compromisso no trabalho. Basicamente, ele também não suporta se sentir aprisionado ali. Portanto, para que esse homem se sinta feliz, o trabalho precisa enquadrar-se em pelo menos um dos critérios a seguir:

NÃO ESTRUTURADO: Um bom exemplo disso é qualquer trabalhador autônomo que estabelece sua programação e suas prioridades.

NÃO PERMANENTE: Um homem com fobia a compromisso pode até lidar com um emprego que seja estruturado e confinado, mas só se ele sentir que esse trabalho não o limita nem é permanente.

Para alguns homens com fobia a compromisso, a ansiedade provoca um comportamento ainda mais extremo. Eles nunca se fixam num emprego ou numa carreira, e podem constantemente mudar de uma profissão para outra, ou de uma cidade para outra.

Homens com fobia a compromisso não querem ser limitados por um trabalho ou uma carreira, mesmo quando são bem-sucedidos.

No fim das contas, o que eles querem é sentir que existe a possibilidade de sair ou abandonar qualquer emprego, assim que desejarem. E alguns o fazem freqüentemente.

5. Alguns – se não todos os homens entrevistados – tinham uma situação de moradia peculiar. Por exemplo:
   - Ele tem uma atitude de "permanência temporária" em relação à casa; isso pode ser observado em sublocações ou aluguéis por temporada, ou numa séria relutância em comprometer-se a comprar móveis. Tudo que se relaciona à sua moradia é temporário ou provisório.
   - Mesmo alugando um apartamento, ele prefere dormir na casa de amigos, da ex-esposa, da namorada, etc.

- Sua casa reflete totalmente sua atitude a respeito do compromisso. É consideravelmente confortável para ele, mas toda a decoração passa uma mensagem: "Quero ficar só." (Um exemplo disso é o publicitário de 46 anos que mora num apartamento bastante confortável, porém apenas com uma cama de solteiro. Ou o programador de 38 anos que tem um banheiro onde mulher alguma jamais entraria.)

6. Fazer grandes compras é freqüentemente traumático.

Muitos homens com fobia a compromisso, ao comprar, agem da mesma forma que caçam a mulher perfeita: evitam realizar grandes compras e freqüentemente arrependem-se das que fizeram.

Já conversei com homens que me disseram que comprar um carro é como decidir casar-se. "Quando você o leva para casa, está 'preso' a ele, comprometido por um longo tempo", disse um deles. Embora o momento da compra seja empolgante, a realidade por trás da decisão pode trazer ansiedade, dúvida e autopunição.

Em muitos casos, os homens viam mais claramente sua ansiedade em relação a compromissos no ato de consumir do que nos relacionamentos. Não é difícil entender por quê. Por exemplo, é bastante claro para um homem que não consegue comprar um videocassete que suas escolhas estão limitadas ao que há no mercado. Se ele não consegue se decidir pela compra, isso é obviamente um problema seu. Mas, quando ele não consegue se comprometer com uma mulher, é fácil racionalizar a desculpa: "É que eu não achei a mulher certa..."

Mulheres podem ter fobia a compromisso?

Agora que chegamos ao fim do capítulo, acho necessário abordar este último ponto. Se você entende as origens da fobia a compromisso, parece lógico supor que não é um problema específico do gênero masculino. Afinal, as mulheres também devem ser suscetíveis à sensação claustrofóbica que o "para sempre" provoca. Será que elas ficam igualmente assustadas diante da idéia de se sentirem presas?

A resposta a isso é tanto sim quanto não. Sim, muitas mulheres se assustam – e até se apavoram – com o compromisso. No entanto, essa hipersensibilidade não as impede de se comprometerem, pelo menos não no mesmo nível que os homens. Por quê? Porque, embora a mulher possa ter medo de compromisso, ela possui muitos outros medos, necessidades e instintos que estão continuamente exigindo que ela se comprometa.

A maior força que leva uma mulher a se comprometer é o seu instinto maternal, a necessidade biológica de unir-se a alguém e reproduzir. A sobrevivência da espécie depende totalmente da sua continuidade, uma tarefa que a Mãe Natureza relegou primordialmente às mulheres (uma sábia decisão, sem dúvida). Com raras exceções, todos os outros medos e desejos se tornam pequenos se comparados a esse grande impulso biológico. Nesse sentido, mesmo que a mulher fique absolutamente apavorada com a idéia de se comprometer com qualquer coisa que seja, o impulso maternal quase sempre se sobrepõe a seus medos e ansiedades... pelo menos temporariamente.

Os homens, por outro lado, não sofrem essa divisão interna. Eles podem até sentir um forte impulso sexual, mas assim que o satisfazem estão livres para ir e vir, deixando o trabalho importante para a mulher. E freqüentemente fazem isso.

Os problemas femininos se complicam à medida que a mulher fica mais velha e aumenta a dificuldade de encontrar um parceiro. Por isso, mesmo quando ela identifica em um homem sintomas de fobia a compromisso, há uma voz interna que diz: "Se você não agarrar esse, pode ser que nunca mais apareça outra chance."

Um fator significativo que impede as mulheres de fugir é o

medo de ficarem sozinhas. Numa sociedade ainda dominada por homens, é difícil, e muitas vezes perigoso, ser mulher, principalmente solteira. Por isso, muitas sentem que *precisam* ter um compromisso permanente com um homem, seja para evitar a solidão, seja por segurança física ou financeira. É até comum que assumam um compromisso, mesmo que não queiram. De alguma forma, elas chegam à conclusão de que irão se adaptar à situação. Infelizmente, a maioria dos homens com esse problema não chega a tal conclusão.

Capítulo 4

O homem e seu conflito: um mundo de duplas mensagens e comportamentos contraditórios

O homem com fobia a compromisso tem duas cabeças. Uma quer estar num bom relacionamento com a mulher que o ama. A outra vê o relacionamento permanente como uma armadilha sufocante. A probabilidade é que em algum momento esses dois pontos de vista contraditórios se expressem. Envolver-se com um homem que tem fobia a compromisso é entrar num mundo estranho de duplas mensagens e comportamentos contraditórios. Ele nunca diz claramente que sim nem que não. Se você está envolvida com um homem assim, reconhecerá uma das características a seguir. Por exemplo:

- No seu relacionamento, ele diz uma coisa e faz outra?
- Ele faz e desfaz planos com freqüência?
- Ele hesita e muda de idéia?
- Ele faz promessas e não as cumpre?
- Para cada passo à frente ele dá dois passos para trás?

Prestar atenção: a coisa mais importante que uma mulher pode fazer para se proteger emocionalmente

Sou solidário com as mulheres que se envolvem com homens que têm problemas de comprometimento. Sei que freqüentemente eles vencem a resistência e a cautela natural das mulheres, seduzindo-as de todas as formas. Mas sei também que a maioria deles deixa um rastro de provas que denunciam sua fobia. E as mulheres que não prestam atenção nessas provas são responsáveis pelo sofrimento que vem pela frente.

A primeira pista: o histórico com outras mulheres

Esqueça a idéia de que o amor de uma boa mulher pode mudar um homem (e que você é essa mulher).

Toda mulher já fez isso: ela encontra um homem que tem um cartaz na testa dizendo "FÓBICO A COMPROMISSO". Seu histórico com mulheres é atroz! No entanto, em vez de escutar sua preciosa intuição, ela prefere escutá-lo. Quando ele se queixa de seus problemas em outros relacionamentos, ela se solidariza com ele. Ela acredita que a culpada foi a "outra", e pensa que com ela será diferente. E pode apostar que, no início, ele mesmo vai garantir que com ela será diferente. Mas uma mulher *nunca* deve acreditar que esse homem que a corteja irá cumprir aquilo que ele diz ter a intenção de fazer. Se ele possui um histórico complicado com outras mulheres, ela deve ficar atenta para proteger-se.

MITO: O amor de uma boa mulher pode transformar um homem.

FATO: Quase todas as mulheres que ele conquistou eram boas mulheres, e ele foi cruel com elas.

Outras pistas: como ele é com você

Já falamos isso antes, mas vale a pena repetir. Um homem que diz uma coisa e faz outra, que não comparece a eventos ou se comporta de maneira diferente e menos atenciosa do que no início da relação merece grande atenção e estado de alerta.

É comum a mulher não prestar atenção suficiente nesses pequenos avisos prévios. Ela escuta as mensagens que quer ouvir e ignora as que lhe parecem desagradáveis. Suas amigas podem até alertá-la sobre esse homem, mas, em vez de ouvi-las, ela o defende ainda mais.

Dependendo das origens da ansiedade, do histórico familiar, da situação econômica e de uma dezena de outros fatores, o modo como cada um desses homens com fobia a compromisso comunica seus conflitos varia um pouco. Aqui estão alguns dos mais comuns:

Ele não se compromete nem com um sim nem com um não

A coisa mais importante a respeito de um homem que sofre de fobia a compromisso é saber que o problema consiste em *comprometer-se* tanto com um não quanto com um sim. É comum que, ao se envolver com uma mulher, esse homem não consiga manter sua atitude sedutora, nem consiga sair da relação. Qualquer que seja a decisão que ele tente tomar, sente-se preso e encaixotado dentro da sua ansiedade.

Conseqüentemente, ele opta por não decidir. Ou vacila. Ou vai por um caminho e depois por outro. É enlouquecedor. Essas contradições são típicas do comportamento de um homem com fobia a compromisso.

Cheryl, uma agente de viagens de 28 anos, está muito confusa com o comportamento contraditório do seu namorado:

"Não entendo o Alan. Ele me liga todos os dias e me chama para sair duas vezes por semana. Mas, por incrível que pareça, não aparece nos encontros que *ele mesmo* propõe. Liga uma hora antes do horário marcado, sempre com uma desculpa extraordinariamente elaborada. Diz que está louco para me ver e repete o mesmo processo na semana seguinte. É impressionante. De vez em quando ele aparece na minha casa. Quando chega, geralmente tarde, sempre há algum problema que o impede de ficar – suas costas doem, a mãe precisa dele, a filha precisa dele, o carro precisa de conserto. Se eu questiono sua atitude, ele fica com raiva, ou promete nunca mais fazer isso, mas não cumpre a promessa. No começo, eu ficava transtornada, pois sentia saudade dele e queria vê-lo. Agora, nem ligo. Eu não entendo. Se ele quer me ver, por que não se encontra comigo? Se não quer, por que simplesmente não diz isso e termina o namoro?"

Um homem como Alan é um bom exemplo da hesitação que acomete aquele que tem fobia a compromisso. Ele fica preso entre impulsos conflitantes. Se está longe de Cheryl, quer estar com ela, e até sente amor pela moça. Mas assim que o momento se aproxima, ele se sente aprisionado. Essa sensação de aprisionamento aciona sua fobia, levando-o a fugir e não aparecer, como tinha combinado. Depois, quando a sensação desaparece, ele volta a sentir falta de Cheryl e o processo se repete.

Sedução/rejeição – a marca registrada do homem com fobia a compromisso

Ele é o amante mais carinhoso do mundo; ele é seu melhor amigo; ninguém se importa tanto com você ou a entende tão bem. Isto é, até que ele a rejeite. A especialidade do homem com fobia a compromisso é seduzir e rejeitar. Isso é típico da síndrome de conquista/pânico. Saber disso serve de consolo para a mulher que é vítima desse tipo de rejeição.

Jan é uma atriz de 28 anos que começou a fazer terapia quando o relacionamento com Martin, um médico, terminou.

"Quando Martin e eu nos conhecemos, ele praticamente me perseguia. Para ele, nunca nos víamos o suficiente. Então, após quatro meses, ele se tornou menos disponível. No início, eu achei que nosso relacionamento estava se estabilizando, ficando mais normal. Mas, de repente, ele se tornou menos interessado em sexo. Achei que era por causa do cansaço ou de preocupações com o trabalho, porque, até duas semanas antes, ele era ardente e apaixonado. Martin passou a dar desculpas para não dormir comigo, dizendo que tinha cirurgias na manhã seguinte. Depois de duas semanas, comecei a me sentir rejeitada. Eu sabia que não podia ser só cansaço. Após um mês, percebi que ele estava provocando brigas. A razão pela qual eu demorei a reagir foi porque no início ele demonstrava muito interesse. Era difícil acreditar que alguém poderia mudar tanto. Continuei tentando encontrar justificativas para seu comportamento, sem querer parecer exigente. Finalmente, achei que devíamos conversar. Bem, quando conversamos, ele concordou comigo, dizendo que sabia que aquilo não era justo. Estava irreconhecível, não parecia o mesmo. Eu chorei e ele enfim disse que era melhor não nos vermos mais porque eu estava muito nervosa. Acredite, eu estava *mesmo* nervosa. Liguei para ele várias vezes, sem acreditar no que estava acontecendo. Ele disse que não falaria comigo enquanto eu não conseguisse controlar meus sentimentos. Soou frio e cruel ao dizer isso.

O modo como ele me perseguiu e me abandonou foi muito injusto. Ainda bem que no trabalho sou bastante elogiada. Se não fosse assim, eu não teria sido capaz de agüentar. Eu ficava me perguntando o que havia de errado com o meu corpo. Foi realmente uma loucura."

A reação inicial de Jan à rejeição de Martin faz parte de um padrão. A mulher geralmente reage com descrença. Ela não acredita que ele possa ser assim com *ela*. Afinal, esse mesmo homem é tão íntimo, tão próximo, tão companheiro...

Meu melhor conselho para essa mulher é: acredite! Não hesite em fazer perguntas. Não ache que ele está tendo uma crise emocional. Não ache que houve algum mal-entendido e que tudo ficará bem de novo. E, sobretudo, não ache que você fez algo errado.

Racionalizações – o jeito de ele dizer a si mesmo que a mulher ideal não é a mulher certa

Ninguém gosta de admitir que lida com seus relacionamentos de modo errado. Nem o homem com fobia a compromisso. Quando está irritado, o que quase sempre acontece, ele não quer admitir. Quando está sendo tolo, não quer enxergar. Se está com medo – e certamente está –, não quer lidar com isso.

O homem com fobia a compromisso sempre trata as mulheres do mesmo modo e repete interminavelmente os seus erros. Assim como a maioria de nós, ele quer encontrar uma explicação sensata para o que dá errado. Não quer admitir que é responsável por destruir a chance de ter um amor, e precisa de uma explicação que o faça se sentir melhor diante de seu comportamento. Precisa de uma justificativa que explique por que vive fugindo dos relacionamentos.

Como ninguém é perfeito, o homem com fobia a compromisso não precisa se esforçar muito para achar uma razão que o fará se sentir melhor ao abandonar qualquer relacionamento. Ele realmente quer acreditar que a ansiedade que sente em relação a compromissos diz respeito a uma mulher em particular. Para escapar da culpa, basta encontrar uma falha na mulher com quem está envolvido; depois ele diz a si mesmo que possui uma boa razão para não querer se comprometer. O homem com fobia a compromisso se vale dos defeitos que qualquer mulher tem para racionalizar sua necessidade de fuga. Pode ser a menor das imperfeições – o modo como ela segura o garfo, a maneira como pronuncia uma palavra, uma leve celulite, uma pequena ruga no canto do olho –, qualquer coisa é suficiente para esconder o problema real, para ajudá-lo a cair fora e perdoar seu comportamento. Neste livro você vai encontrar vários exemplos de homens que racionalizam sua incapacidade de se comprometer culpando a mulher.

Gregory, um fotógrafo autônomo, é honesto o suficiente para admitir seu comportamento:

"Acho que isso acontece quando uma parte de mim quer abandonar a relação e eu não tenho coragem suficiente para fazê-lo... então eu disseco a mulher. Sempre que me encontro com alguém que me atrai, no início acho tudo perfeito. Mesmo as pequenas imperfeições são adoráveis. Mais tarde, as mesmas coisas que eu achava bonitinhas começam a me enjoar. Sei que eu faço isso para que o relacionamento deixe de funcionar."

Uma desculpa embutida para o fracasso – ele sempre escolhe a mulher errada

Existe também o homem com fobia a compromisso que consegue disfarçar *seu* problema escolhendo sempre mulheres que são *de fato* totalmente inadequadas para ele – por uma diferença de idade muito grande, um óbvio conflito religioso, valores diametralmente opostos, etc. De qualquer forma, essas escolhas inapropriadas fornecem ao homem que quer fugir da relação os motivos para fazê-lo.

Adam, um corretor bem-sucedido, é um bom exemplo. Ele é o típico bom partido. Está sempre conhecendo mulheres charmosas, amáveis e inteligentes, prontas para amá-lo. Mas nunca se interessa por elas, alegando que são chatas. Entre as que ele não considera chatas há uma jovem espanhola de família tradicional que nunca pode sair com Adam. Há também uma mulher casada, riquíssima e esnobe que ele mesmo admite ser egoísta e pouco inteligente. No entanto, ele diz que se casaria com ela no ato.

Certa vez, Adam se envolveu com uma mulher que parecia totalmente adequada. Era uma jovem advogada, com interesses e amigos em comum. Adam diz que na época "achava" que a amava, mas decidiu que não podia casar-se porque ela era muito consumista e ele precisava de uma mulher mais comedida.

Um encontro e nada mais

Ele se sente só, mas mesmo assim se nega a fazer algo a respeito, por achar que toda mulher quer casar com ele. É comum que esse homem tenha tanto medo que chegue a achar que um jantar com uma mulher atraente, ou um segundo encontro, equivale a um noivado. Quando se sente fortemente atraído por uma mulher, ele logo começa a pensar em casamento. Aterrorizado com os próprios pensamentos, termina imediatamente a relação. Um homem assim talvez saiba que é incapaz de se comprometer permanentemente. Por ser realmente sincero, procura não enganar a mulher e não permite que a relação se desenvolva.

Arthur, um bonito e simpático cirurgião plástico de 34 anos, é um exemplo desse tipo de homem. Tem muitos amigos e amigas, mas não se relaciona com uma mulher há quase cinco anos. Ele admite seus problemas:

"Sempre hesitei em me envolver com cada uma das mulheres que encontrei, exceto uma, que estava morando com outro cara e não se interessava por mim. Quando conheço uma mulher pela qual sinto atração, eu me comporto como um publicitário que tenta vender a si mesmo. Mas, assim que a compra é efetuada – o que geralmente ocorre na mesma noite –, eu caio fora. Olho para uma mulher que acabei de encontrar e, em vez de simplesmente chamá-la para ver um filme, fico preocupado pensando no que sentirei por ela daqui a 10 anos: 'Por enquanto parece bom, mas vou enjoar, não vou querer mais estar com ela, e precisaremos passar por um divórcio. E os filhos?' Sei que parece maluquice, mas é assim que eu penso. Um amigo diz que eu vivo evitando mulheres que seriam perfeitas para mim.

Na primeira hora do encontro, já começo a falar sobre a possibilidade de me mudar para outra cidade, ou que estou de plantão e terei de sair se alguém precisar de mim. Sempre invento uma desculpa para cair fora no momento que quiser.

Sei que isso não é bom para mim. Não tenho saído mais de uma vez com a mesma mulher nos últimos dois anos. Nunca vou para a cama com uma mulher no primeiro encontro. Faça as contas. Não estou feliz assim, mas a alternativa me provoca muita ansiedade.

Quando penso em me casar, temo que minha vida acabe. Não quero perder minha rotina, que é ir para casa, assistir à televisão sozinho e esquentar um pedaço de pizza. Não é uma maravilha, mas eu sinto como se a alternativa fosse ficar preso por toda a eternidade numa sala sem oxigênio.

Recentemente encontrei uma mulher de que realmente gostei. Tivemos uma noite maravilhosa, mas não apareci mais. Cinco meses depois, numa viagem, encontrei algo que me fez pensar nela. Então o mandei de presente junto com um cartão. Provavelmente ela está pensando: 'Esse cara é esquisito, faz todas essas coisas gentis mas nunca me chama para sair. Por que será?'"

Distanciamento: a ferramenta de um homem com fobia a compromisso

A melhor alternativa para um homem com fobia a compromisso parece ser o envolvimento com uma mulher que more longe, muito longe. Para esse homem, a distância alivia a ansiedade, pelo menos temporariamente. Uma mulher que se envolve com um homem desses freqüentemente acaba se sentindo totalmente arrasada. É difícil entender como um homem que a adorava tanto na ilha de Capri não quer vê-la sentada no sofá da sua casa. Mas a experiência mostra que, quanto mais perto ela está, pior ele fica.

O amante distante

O homem com fobia a compromisso que se envolve com uma mulher que mora longe costuma ser dos mais românticos e sedutores. Como a distância física se encarrega de separá-lo da mulher, limitando a relação, ele não se sente ameaçado e pode ceder aos sentimentos de amor e carinho. As regras que governam o amor a longa distância estabelecem que ele só verá a mulher de tempos em tempos. Isso traz certo alívio, e o homem fóbico acredita que será muito mais fácil terminar a relação. O que não é necessariamente verdade, mas é assim que ele se sente.

Uma mulher envolvida com um homem com fobia a compromisso que mora distante pode descobrir que o romance é capaz de acabar muito rapidamente se ela procurar se aproximar dele ou tentar vê-lo com mais freqüência.

Tom – aquele que conhecemos no capítulo anterior – admite que se entrega facilmente ao romantismo quando a mulher mora longe:

"Parece que eu sempre prefiro estar separado da mulher que amo. Isso começou na época dos acampamentos, quando eu esperava até os últimos três ou quatro dias para decidir qual a garota que mais me agradava. Então eu dava minha investida e no último dia já estávamos ficando 'firmes'. Eu ia para casa pensando nela, escrevia e telefonava para ela. Isso durava dois meses. Depois de algum tempo, eu a esquecia. A garota enviava cartas que eu nunca respondia, sem saber exatamente por quê. Continuo agindo da mesma maneira.

Lembro-me de uma mulher que morava em Los Angeles. Eu a conheci numa conferência e nós nos demos muito bem. Quando voltei para Nova York, escrevi uma carta convidando-a para visitar o Caribe nas férias. Ela aceitou. Foi ótimo, conversamos e fizemos amor no maior encantamento. Quando voltei, liguei pedindo que ela viesse para Nova York. Ela acabou vindo uma vez a cada dois meses durante um ano. Na época, eu estava saindo com outras mulheres, mas nenhuma era tão importante para mim. Quando vi que ela estava começando a pensar no rumo daquele relacionamento, eu me dei conta de que não queria estar com ela para o resto da vida. Foi uma série de pequenas coisas. Embora eu estivesse bastante atraído no início, ela nunca foi o meu tipo. À medida que o nível de exigência dela cresceu, senti que estava perdendo o interesse. Nunca fui vê-la em Los Angeles, mas no feriado de Ação de Graças decidi visitar um amigo meu em São Francisco. Ela ficou furiosa. Disse que já havia me visitado uma dúzia de vezes em Nova York e que não só eu estava deixando de passar o dia de Ação de Graças com ela, como não conseguia me desviar do meu caminho para vê-la. Tivemos uma briga terrível ao telefone e não liguei mais. Dois meses depois, recebi um cartão dela, conversamos algumas vezes, mas foi só isso."

Uma variação especial do namorado a longa distância é o homem com fobia a compromisso que eu chamo de "Fred Club Med". Sua especialidade é o romance durante as férias, *e nunca terminar o que começa.* Ele só se envolve quando está viajando e bem longe do seu ambiente. Mas basta voltar para casa e ele encontra uma boa razão para não ver a mulher novamente. Você pode encontrá-lo tanto numa praia do Havaí quanto numa conferência acadêmica ou numa reunião de negócios. Para ele, vocês dois são passageiros que participam de uma mesma experiência efêmera. "Passageiro" é a palavra-chave para ele.

Houdini – o homem que desaparece

O que pode gerar mais perplexidade do que um homem que parece querer comprometer-se e então desaparece?

O lendário Harry Houdini era conhecido como o Grande Mestre das Fugas, o homem que não podia ser amarrado ou preso. O Houdini dos dias de hoje, com sua sedução inicial, praticamente convida a mulher a amarrá-lo. Então, fugindo do compromisso, ele se liberta de quaisquer laços emocionais tão habilmente quanto Houdini se livrava de cordas e correntes.

Se você tiver o azar de conhecer um Houdini, esse homem vai persegui-la, flertar com você e insistir até conquistar seu coração. Então ele some. Mas, no início, ele praticamente implora para ser amarrado. Você, ingenuamente, cede ao pedido dele. No momento seguinte, ele escapa das cordas e desaparece de sua vida. Ele pode aparecer novamente, mas, quando o faz, a situação é completamente diferente.

Como se trata de um homem que gosta de bis, é melhor deixar o teatro após a primeira apresentação. Se você viu o truque uma vez, é o suficiente. Ficar não vai fazer você descobrir o segredo da mágica.

Marie, uma fonoaudióloga de 36 anos, conheceu um clássico Houdini há cerca de dois anos. Aprenda com ela:

"Estou envergonhada por ter sido tão burra e ingênua, mas vamos aos fatos. Conheci Glen em uma auto-estrada. Ao me ultrapassar em um Lincoln Continental, ele olhou para mim, desacelerou e me deixou passar. Cerca de 30 quilômetros adiante, parei numa lanchonete e ele também parou. Entrou na fila do caixa logo atrás de mim. Ele sorriu, eu sorri. Ele era atraente, parecia legal e estava bem vestido. Isso tudo pode parecer superficial, mas foi a minha primeira impressão.

Bem, ele se aproximou no estacionamento e conversamos muito. Contou-me que era divorciado, trabalhava como gerente em uma empresa em Nova Jersey e estava morando com um amigo em Nova York, enquanto procurava um apartamento. Deu-me seu cartão e pediu que eu telefonasse, o que não fiz. Cerca de uma semana depois, ele ligou para o meu local de trabalho. Eu tinha dito meu primeiro nome e o lugar onde trabalhava, e ele conseguiu me encontrar – coisa que não é fácil, acredite, pois trata-se de um grande hospital.

Ele me conquistou completamente. Nas duas semanas seguintes, saímos todas as noites e ele me deixava em casa, pois eu não queria apressar as coisas e ir logo para a cama com ele. Declarou-se loucamente apaixonado, disse que queria cuidar de mim, cuidar da minha filha, fazer tudo por mim. Após duas semanas, fizemos amor e ele me pediu em casamento. Eu estava passando por um momento financeiro difícil, pois minha filha estuda numa escola especial e minha despesa era alta. Glen me disse, e eu acreditei, que ganhava bem. Tenho que admitir que a idéia de dividir minhas responsabilidades com alguém era muito atraente. Ele agia como se quisesse de fato se casar comigo, e eu acreditei nele. De qualquer forma, o namoro prosseguiu por mais algumas semanas. Contei a todos os amigos que íamos nos casar e Glen veio morar comigo.

Assim que se instalou em minha casa, sua atitude mudou. De repente não conseguia mais suportar o trajeto de 45 minutos entre minha casa e seu trabalho. Uma semana antes, ele ia e voltava todas as noites, sem reclamar. Mas, quando veio morar aqui, ficou infeliz com isso – era o que repetia todas as noites. Então ele começou a implicar comigo e a se comportar de forma totalmente oposta a como agia antes. Uma vez eu estava dirigindo, errei o trajeto e ficamos perdidos durante cinco minutos. Ele ficou incrivelmente chateado e começou a me chamar de burra. Outra vez, eu estava em frente ao armário tentando escolher um vestido. Ele olhou para mim e disse, com desprezo: 'Se você não fosse gorda, seria mais fácil escolher as roupas.'

Depois ele censurou o fato de eu ter ido para a cama com ele cedo demais, e discutimos bastante sobre isso. Essa fase durou apenas algumas semanas, porque logo chegou o Natal, que nós devíamos passar na casa dos pais dele, no norte do estado. Para dizer a verdade, nunca cheguei a conhecer os pais dele nem seus amigos.

Dois ou três dias antes do Natal, voltei do trabalho e encontrei a casa vazia. Ele levara todas as suas coisas e deixara um bilhete que dizia: 'Ocorreu um imprevisto. Depois telefono e explico.' Foi isso. Ele não ligou e eu fiquei desesperada, achando que podia ter havido um acidente. Nesse momento, eu me dei conta de que não tinha para quem ligar. Estava convencida de que algo terrível acontecera, pois, caso contrário, Glen teria avisado.

Procurei por toda parte, tentando encontrar uma maneira de achá-lo. Finalmente, em uma conta antiga de telefone, achei um número para o qual ele tinha telefonado, em outra cidade. Liguei para o tal número e falei com um amigo dele. Expliquei que estava desesperada. O amigo obviamente conseguiu encontrá-lo, pois na mesma noite Glen ligou. Estava furioso comigo por tê-lo 'rastreado'. Disse que precisava resolver um problema com a ex-esposa, e que não conseguia fazer tudo ao mesmo tempo. Repetiu: 'Simplesmente não consigo.'

Foi ele que buscou a relação e que me fez contar para os meus pais e amigos sobre o casamento. Também me fez ligar para os homens com quem eu estava saindo para avisar que eu ia me casar, e não podia mais vê-los. Hoje, não acredito que fiz tudo isso, mas acho que me sentia lisonjeada, pois alguém queria tomar conta de mim.

Por desencargo de consciência, escrevi uma longa carta para ele. Creio que o tom era bastante tranqüilo, pois eu só queria uma explicação para o que tinha acontecido. Qualquer explicação serviria, mas eu realmente queria saber a verdade.

Um mês depois, ele me ligou tarde da noite. Basicamente se desculpou e disse que não conseguiu lidar com o relacionamento, porque tinha ido rápido demais. Pediu que o perdoasse e disse que queria me ver novamente. Respondi que não, porque ficara traumatizada com a experiência. Eu tinha sofrido muito.

Sei que deveria ter sido mais cética no início, mas nós, mulheres, gostamos de acreditar em milagres. Eu queria acreditar no que ele me dizia e via nossa história como um filme de amor."

Nem todos os casos Houdini são tão dramáticos quanto o que Marie vivenciou com Glen, porém nunca são sutis. O efeito Houdini é a pior manifestação de pânico em um homem com fobia a compromisso. Tudo o que ele deseja é fugir. Não quer discutir nem tentar solucionar o problema. Apesar de perceber que é muito difícil justificar seu comportamento, ele não se importa. Seu desconforto é tamanho, que nada poderá atrasar seu processo de fuga.

Os homens com quem conversei disseram que é como se estivessem bêbados no momento em que se empolgam com a experiência de um novo amor, e por isso entram de cabeça no relacionamento, sem pensar nas conseqüências. Um belo dia, também sem pensar, eles ficam "sóbrios" e percebem que têm de voltar atrás em seus compromissos.

Depois se sentem culpados e envergonhados. Desejam esquecer toda a experiência. As mulheres geralmente ficam arrasadas – e sempre querem uma explicação.

O Houdini que ora aparece, ora desaparece

Nessa variação do efeito Houdini, o homem desaparece e reaparece regularmente durante extensos períodos de tempo, às vezes anos. Temos aqui um exemplo:

Monica conheceu Jerry em uma festa, e dentro de pouco tempo faziam planos de casamento e trabalho. Ambos eram agentes de viagens, e ele propôs montarem um negócio juntos. Animada, ela começou a procurar uma sala. Então, após passar um fim de semana com Monica e a filha dela, Jerry partiu e não telefonou mais. Ela tentou entrar em contato com ele diversas vezes, mas acabou desistindo depois de algumas ligações não atendidas. Jerry apareceu de novo no feriado de Ação de Graças, desculpando-se. Disse que seus sentimentos em relação a Monica eram tão intensos que ele não sabia como controlá-los. Apesar disso, fugiu novamente na véspera do Natal, arruinando a festa de Monica e obrigando-a a esconder suas lágrimas da filha. Jerry apareceu novamente em maio... Passaram-se dois anos e ele continuava nesse vai-e-vem. Monica sabe que não devia permitir isso, mas quando estão juntos é tudo tão perfeito que ela continua tendo esperanças de que Jerry seja capaz de mudar seu comportamento.

Mudando de idéia

Por que um homem iria tão longe a ponto de propor casamento se não estivesse sendo sincero? Já ouvi tantas histórias desse tipo, que isso parece uma verdadeira epidemia. Em alguns casos, ele foge em poucos dias. Em outros, espera até que os convites sejam enviados. Independentemente de quão avançados estejam os preparativos para o casamento, é lógico que a mulher fica arrasada.

Quando isso acontece, ela tem de lidar não somente com a dor, mas com outras implicações. Uma mulher me contou que seus pais tinham despendido milhares de dólares nos convites de casamento e na primeira parcela não reembolsável do aluguel de um salão. Além do mais, a mulher ainda tem que encarar o mundo e contar a seus amigos e familiares o que aconteceu. E devolver os presentes. No fundo, sabe que algumas pessoas vão achar que *ela* fez algo para que ele mudasse de idéia.

Don, um médico que propôs casamento e desistiu, não tem certeza do que aconteceu. Como muitos homens fóbicos, ele sabe que foi atraído pela idéia de assumir um compromisso. Don realmente desejava ser maduro o suficiente para se envolver em um relacionamento definitivo, mas as coisas não aconteceram dessa forma. Eis a história dele:

"Quando conheci Sara, eu não tinha um relacionamento firme havia anos. Saía literalmente com centenas de mulheres, e todos comentavam que aquilo era um absurdo. Eu estava cansado e insatisfeito quando conheci Sara em uma academia. Senti logo uma forte atração e liguei no dia seguinte, convidando-a para ir ao cinema. Acho que comecei a gostar dela, porque passei a vê-la quase todas as noites.

Após seis semanas nesse clima, no meio de uma noite bem

romântica, e sem pensar nas conseqüências, eu a pedi em casamento e ela aceitou. Ao acordar na manhã seguinte, eu me senti péssimo, com uma sensação horrível na boca do estômago, do tipo 'Ah, não, você cometeu um erro *grave*'. Um verdadeiro pânico foi se instalando, e achei que ia ficar doente. Nesse meio-tempo, Sara dançava e cantava pelo apartamento, feliz da vida. Não me lembro disso, mas meus amigos contam que eu telefonei para eles e disse que tinha ficado noivo. Talvez eu quisesse provar que *podia* ficar noivo. Mas fui muito precipitado. Eu conhecia Sara havia muito pouco tempo!

Logo depois de fazer o pedido, comecei a ver em Sara defeitos que não percebera antes. Achei, por exemplo, que uma garota normal não teria dito sim para alguém que ela conhecia fazia apenas seis semanas. A única desculpa é que ela era louca por mim, e tentei pensar nisso. Tudo o que sei é que eu não queria casar, e quanto mais hesitante me via, mais ela apressava os preparativos. Fiquei profundamente irritado quando soube que ela havia contado para os pais e as irmãs, como se quisesse controlar minha vida. No fim de semana seguinte, pela primeira vez desde que a conhecera, eu quis ficar só, sair com meus amigos, jogar tênis e relaxar.

Começamos a brigar, rompemos o noivado e o relacionamento terminou em poucos meses. Às vezes a vejo pela vizinhança e fico tentado a recomeçar, mas penso bem e desisto.

Isso sempre me acontece. Tudo vai às mil maravilhas até que eu me comprometo. A partir desse momento, é inevitável: começo a procurar defeitos na mulher e a achar que é impossível viver com ela pelo resto da vida. Aí eu me sinto preso e caio fora.

Se eu pudesse dar um conselho às mulheres, diria que elas tomem cuidado com os homens que se apaixonam rápido demais, porque da mesma forma que são rápidos para amar são rápidos para fugir."

Quando ele quer ir embora mas não consegue dizer isso

Quando querem terminar o relacionamento, esses homens raramente são capazes de dizê-lo. Em vez disso, continuam afirmando o seu amor, mas começam a mostrar seus conflitos agindo de forma diferente. Nessa hora, a linguagem corporal é muito eloqüente.

Aula básica de linguagem corporal

Padrões de sono

Tanto as mulheres quanto os homens que entrevistei falaram sobre comportamentos estranhos ligados ao sono e os atribuíram aos conflitos causados pelo compromisso. Maureen, uma assistente editorial, lembra a forma como Bob, o ex-namorado, revelava seus conflitos:

"Bob e eu tivemos um relacionamento de idas e vindas durante anos. Eu sempre sabia quando ele estava prestes a ir embora pelo jeito como ele dormia – não estou falando de sexo, mas do sono em si. No início, ele sempre adormecia confortavelmente, com o corpo colado ao meu. Acordávamos e tomávamos café da manhã juntos. Mas se estivesse para me deixar mais uma vez, ele reclamava que não conseguia dormir. Quando finalmente pegava no sono, estava do outro lado da cama. E também começava a acordar cada vez mais cedo. Uma noite, despertei às 3h30 e vi Bob saindo do banho e se vestindo para ir trabalhar. Achei que ele fosse sonâmbulo. Estava claro que ele não via a hora de ir embora."

Aqui estão alguns dos padrões de sono que podem refletir a ansiedade causada pelo compromisso. Muitos são até engraçados, porém todos foram confirmados por muitos dos homens e mulheres que entrevistei.

1. Ele se levanta e vai dormir em outra cama ou no sofá?
2. Ele tem dificuldade para dormir na sua cama?
3. Ele a empurra para fora da cama durante o sono?
4. Ele alterna entre abraçar você e empurrá-la durante a noite?
5. Ele vai embora no meio da noite?
6. Ele nunca a deixa dormir no lado da cama onde ele sempre dorme?
7. Ele raramente dorme na sua casa?
8. Ele nunca tem tempo para o café da manhã?
9. A sua cama é o único local do mundo onde ele não consegue dormir?
10. A cama dele é pequena demais para que duas pessoas durmam confortavelmente juntas?

De mãos dadas, mas não necessariamente juntos

"Eu devia ter imaginado que ele nunca me conduziria ao altar... Ele nem conseguia andar comigo na rua."

Sentimentos semelhantes têm sido expressados por um grande número de mulheres com as quais conversei. Andar é um ato simples. Milhões de pessoas caminham todos os dias. Mas parece que até um simples passeio pelo quarteirão é algo doloroso para o homem com fobia a compromisso, quando isso acontece com a mulher que ele não consegue amar. Ele pode demonstrar sua necessidade de distanciamento de diversas formas – o modo como se senta perto de você, como fica em pé ao seu lado, como entra em algum lugar com você. Se ele se sente preso e quer sair, isso transparece. Faça a si mesma as seguintes perguntas:

1. Ele sempre anda rápido demais, e fica difícil acompanhar o passo dele?
2. Ele muda o ritmo quando sente que você se adaptou ao dele?
3. Ele anda em ziguezague quando está com você?

4. Ele parece desconfortável quando tem que sentar perto de você no cinema, no teatro, etc.?
5. Ele a abandona em festas e vai para o outro lado da sala?
6. Ele se mostra descontraído quando vocês praticam esportes, tais como tênis, dança, esqui e ciclismo?
7. Ele fica à vontade dividindo as tarefas de casa com você?
8. Ele se sente bem indo ao supermercado fazer compras com você?

Fobia a compromisso sexual – entre o fogo e o gelo

Os homens sabem que, mesmo depois da revolução sexual, as mulheres não encaram o sexo de forma muito aberta. Eles sabem que um envolvimento sexual com uma mulher solteira de certa idade não vai durar para sempre sem que ela espere algo mais – esse algo mais é o compromisso. Portanto, para muitos homens com fobia a compromisso, o relacionamento sexual progressivo, mesmo se desejado, causa ansiedade.

Na sua lógica deformada, o objetivo é evitar que a mulher crie a expectativa de um compromisso. Existem vários truques para manter a mulher insegura. Ele não quer que ela espere algo que ele não está pronto para oferecer. Embora isso pareça estranho, muitas vezes ele tenta enganá-la fazendo com que ela acredite que ele a ama.

Hoje à noite, você é toda minha

Um dos jogos mais desrespeitosos que o homem com fobia a compromisso pratica costuma ocorrer em uma noite de amor perfeita. Nesse jogo, o homem fóbico passa a noite mostrando-se aberto, terno, sensível, carinhoso, demonstra ter valores nobres, sentimentos sinceros. Leva a mulher a crer que essa será a primeira noite de muitas. E, de fato, nesse momento ele acredita nisso. Depois nunca mais liga para ela, deixando-a absolutamente perplexa.

Quando uma mulher é tratada dessa forma, ela se sente desvalorizada e agredida. Isso a leva a questionar se há algo errado com ela que o fez desistir. Ouvi mulheres que chegaram a pensar que ele tinha sofrido um acidente. Por que outro motivo não ligaria? Em alguns casos, a noite de amor veio após semanas de paquera, tanto pessoalmente quanto por telefone. Aliás, como você verá ao ler a história abaixo, não importa se o ato sexual chegou ou não até o fim.

"Eu conseguia me apaixonar ao menos uma vez por mês, e às vezes transar. Uma noite fui jantar com uma mulher e depois a levei para dançar. Foi romântico. Ela era muito bonita e meiga, eu fiquei vidrado. Fomos ao seu apartamento e nos beijamos no chão da sala de estar durante horas. Foi espetacular, muito romântico. Ela não queria que eu dormisse lá, porque tem uma filha, e disse que ainda não nos conhecíamos muito bem. Ao sair, perguntei se podia ligar novamente. Ela respondeu: 'Você deve.'

Decidi não sair mais com ela. Não quero casar, mas tenho certeza de que ela quer. Isso me acontece o tempo todo. Acho muitos defeitos em todas elas, sem entender bem por quê. Olho para as mulheres e penso não apenas nos defeitos que posso encontrar nelas um dia, mas também nos que minha família e meus amigos podem descobrir. Eu disse a um amigo na semana passada que acho que nunca vou casar. Ele falou que sou muito exigente, e deu a entender que essa é uma qualidade positiva. Então eu paguei o seu jantar e milhões de drinques, pois ele disse o que eu queria ouvir. Mas preciso falar a verdade: eu consigo sair com muitas mulheres diferentes, em noites diferentes, e achar que cada uma delas é ótima enquanto estamos juntos. Eu lhes digo isso, mas nunca mais telefono, porque começo a ver defeitos nelas. Dou desculpas, digo que estou ocupado, passo uns tempos sumido, e então ligo novamente após algumas semanas. Um dia elas entendem a mensagem."

Vamos ser amigos

Essa é uma variante de "Hoje à noite, você é toda minha". Nesse caso, o homem com fobia a compromisso faz a conquista e promove a diversão de sempre. Algum tempo depois da noite de amor, ele finalmente liga e convida a mulher para sair novamente. Quando a vê, decide que não vai transar com ela e dá uma desculpa razoável.

A mulher se sente rejeitada. E também fica confusa. Houve uma mudança que ela não consegue entender. De namorado ele passa a amigo com vagas intenções sexuais que raramente – ou nunca – põe em prática. A lógica é a mesma de "Hoje à noite, você é toda minha", mas com uma grande diferença. Quando "Vamos ser amigos" vem depois de "Hoje à noite, você é toda minha", o homem geralmente está ocultando alguma coisa – outra mulher com a qual está envolvido. Nesse meio-tempo, a mulher com quem ele quer manter uma relação de amizade fica se perguntando por que ele não quer mais transar com ela.

Mais assustado do que satisfeito

Lembre-se de que o homem com fobia a compromisso é bem ardente no começo – e pode permanecer assim. Mas, se ele for mesmo fóbico e vocês alcançarem o estágio intermediário do relacionamento, provavelmente ocorrerá uma mudança no comportamento dele. Pode ser sutil – ele não precisa perder o interesse no sexo ou em você –, mas você nota que a atitude dele é diferente e sabe que haverá problemas pela frente.

Paul, um professor de 40 anos, fala sobre a mudança sexual que ocorreu no seu relacionamento de dois anos com Linda:

"Quando eu senti que não ia casar com Linda, minha sexualidade mudou completamente. Não é que eu estivesse menos atraído por ela, mas me sentia culpado. A culpa me impediu de ser tão livre quanto antes. Eu sabia que, se quisesse sair do relacionamento sem magoá-la demais, tinha de tomar cuidado com o sexo. Achei que seria desleal ficar transando quando eu já tinha certeza de que queria romper o relacionamento. Parei de tomar a iniciativa e deixei por conta dela, porque assim não sentia que a estava enganando. Às vezes era muito estranho. Quando havia um clima muito romântico, eu sentia medo e me preocupava, achando que, se tivéssemos uma noite fantástica, estaria lhe dando motivo para pensar que nos casaríamos."

Lágrimas sem sentido

Não sei se os homens com fobia a compromisso choram mais do que outras pessoas, mas tantas mulheres me falaram desse aspecto, que comecei a questionar esses homens a respeito disso. A partir das minhas conversas, concluí que eles eram mais suscetíveis a chorar nas seguintes situações:

- *Bem no começo – no primeiro ou no segundo encontro.*

Um grande número de mulheres me contou que esse tipo de homem chorava logo no começo do relacionamento. Isso geralmente acontecia quando ele contava alguma história triste sobre sua vida, ou quando falava de um assunto que lhe causava uma emoção especial. Não quero ser cínico, mas tenho de admitir que me surpreendeu o fato de esses homens serem tão abertos com estranhos. A mensagem que passam para a mulher é: eu confio meus sentimentos a você e quero que você confie em mim. E ela geralmente confia.

- *No meio, quando ele promete mudar mas não muda.*

O segundo momento em que esse tipo de homem chora é no meio do relacionamento, se a mulher reclamar dos altos e baixos ou se tentar terminar a relação. Quando isso acontece, pode ser que ele peça perdão, prometendo mudar. Geralmente, nesse momento, ele chora.

Isso não é tão difícil de entender. Lembre que, se ele chegou a esse ponto, está verdadeiramente envolvido com a mulher. Como isso gera conflito, ele fica ansioso e supersensível. O pânico então faz com que ele se descontrole. Ele não quer perder a mulher, embora a situação agrave sua ansiedade.

Paul, que descreveu sua abstinência sexual com Linda, nos conta quando chorou:

"Linda estava furiosa porque, apesar de já termos completado dois anos de namoro, eu não manifestava intenção de me casar. Eu também flertei com uma amiga dela, o que a deixou com muita raiva. A partir de então, ela se recusou a atender minhas ligações. Fui até sua casa e fiquei batendo, implorando que abrisse a porta. Quando ela finalmente apareceu, chorei, não sei bem por quê. Eu não queria perdê-la, mas sabia que, para ficar com ela, precisava mudar completamente de atitude. Era puro egoísmo. Eu queria garantir que Linda estaria à minha espera... caso eu precisasse."

O homem com segundas intenções – uma vantagem injusta

Alguns homens com fobia a compromisso têm atividades ocultas – que geralmente envolvem outra mulher – que eles usam para manter distância. Como essas atividades são bem escondidas, você tem que estar muito atenta para encontrá-las. Atividades ocultas são sempre complicadas. Nunca são justas.

Acredito que o próximo exemplo pode ensinar alguma coisa às mulheres.

A história de Tery

Tery é dinâmica, atlética, loura, tem muita personalidade e charme. Seus amigos a adoram por sua simpatia e compreensão. No entanto, todas essas qualidades contribuíram para alguns de seus problemas com os homens. Recentemente, Tery entrou em uma relação fadada ao fracasso. Ela sabe disso agora porque, depois que a relação acabou, foi capaz de juntar os fatos e entender o que realmente estava acontecendo. Como pôde? Jack, o homem com quem se envolveu, nunca lhe dera todas as informações de que ela precisava para se proteger. Pelo menos foi isso o que ela concluiu.

Tery foi educada para falar sempre a verdade, e esperava que os outros fizessem o mesmo. Quando amigos lhe apresentaram Jack, um psicólogo de 45 anos, ela não viu razão para duvidar dele e acreditou em tudo o que ele disse. Por que faria o contrário?

Se algo serve de consolo para Tery, Jack também não é honesto com ele mesmo. Trata-se de um típico homem com fobia a compromisso que tende a desenvolver atividades ocultas, embora não seja essa a sua intenção.

Entrevistei Tery na casa que divide com uma amiga num bairro residencial de Boston. Ela tem 33 anos, é professora em uma escola de enfermagem e, com a maior gentileza, me preparou um delicioso almoço. Eu o devorei enquanto ela me contava sua história. À medida que for lendo, tente imaginar o que ela poderia ter feito para descobrir a verdade desde o início.

"Jack me foi apresentado por um casal de amigos que nos levou para jantar. Foi um encontro tranqüilo e, apesar de termos nos dado bem, no início eu não fiquei muito interessada. Mas Jack demonstrou tanto interesse por mim que acabou me conquistando. Tenho que admitir que o fato de ele ter gostado de mim me fez respeitar seu julgamento."

Tery riu ao dizer isso, e eu perguntei de que forma ele demonstrou seu interesse.

"Ele me enganou direitinho. Tinha gestos extremamente afetuosos. Quando caminhávamos, sempre colocava o braço na minha cintura. Começou a me ligar todos os dias e relatava tudo o que estava fazendo. Ele via os filhos pelo menos três noites por semana, e sempre me dizia o que acontecia nesses encontros. Dava a entender que queria me ver quando estivesse livre. Ele tinha muitos problemas com os filhos e me contou os detalhes mais íntimos de sua vida. Também me falou de seus problemas com a ex-mulher, que, segundo ele, era muito ciumenta e o vigiava. Embora não tenha dito "Amo você, preciso de você", Jack indicou por uma série de atitudes que desejava algo mais do que um relacionamento casual.

Levou certo tempo até irmos para a cama, pois eu não queria transar logo. Mas ele planejou encontros que inevitavelmente progrediram rumo ao sexo. Foi só uma questão de tempo, e eu gostei muito disso.

Na época, saíamos às terças, quintas e sábados, que eram as noites em que ele não ficava com as crianças. Ele me ligava quase todos os dias, e prometeu me informar sempre onde eu poderia encontrá-lo.

Acontece que, depois que transamos, tudo mudou. Eu percebi imediatamente. Nós ainda nos encontrávamos com a mesma freqüência, mas de alguma forma ele ficou diferente. De repente, se fechou. Comecei a imaginar o que eu podia ter feito. Isso me deixou constrangida e tentei falar sobre o assunto, mas ele cortou minha iniciativa. Você sabe, em um relacionamento relativamente novo, você não conhece a pessoa tão bem. Talvez ele estivesse tendo algum problema. Eu não queria ser mais um, então tentei apoiá-lo e ser compreensiva.

Mas alguma coisa em relação ao sexo mudou claramente. Jack não queria que eu dormisse em sua casa e me deixava na porta da minha, dizendo que tinha que ver seus filhos na manhã seguinte. Estava claro que ele não queria mais fazer amor comigo. Contou que, por causa da relação com a ex-mulher, ele se sentia muito desconfortável com o sexo porque, de certa forma, ainda se sentia casado. Tive pena dele. Como eu estava começando a ficar muito envolvida, liguei certa vez só para dizer 'oi' e percebi que ele não gostou. Quando mencionei minha impressão, ele disse que o filho caçula contara para a mãe que 'tinha uma mulher nova chamada Tery, que ficava ligando para o papai'. Jack reagiu com muita veemência e se queixou da crise que essa questão provocara com seus filhos, o que me deixou pouco à vontade para ligar de novo.

A verdade é que no início do relacionamento eu não percebi quanto ele ainda estava envolvido com a ex-mulher. Jack não deixou isso claro. Aos poucos, fui percebendo como ele se sentia culpado... muito perturbado.

Mas ao mesmo tempo ele era muito carinhoso e aparentava ser

bem sensível. Apesar de tudo, ainda sinto afeto por ele. Se eu fosse expressar minha raiva, acho que lhe diria: 'Por que começou tudo comigo? Não precisávamos ter transado, podíamos ter sido amigos. Por que você mostrou tanto interesse no início e depois se fechou e me dispensou?' Mas é difícil ficar com raiva, porque acho que ele estava muito mal. Não acredito que ele quisesse que as coisas terminassem como terminaram. Acho que ele se assustou.

Jack me escreveu uma carta dizendo que eu merecia uma relação melhor do que a que ele podia me oferecer. Acabamos indo jantar. Eu chorei, dizendo que estava muito triste por não podermos manter nosso relacionamento. Ele me falou então de sua dificuldade em assumir qualquer compromisso e, para ilustrar, contou como alugou um apartamento, uma televisão, um carro. Mostrou que tudo em sua vida era temporário. Senti pena dele, e não acho que Jack quisesse me magoar. Ele parece solitário e dá a impressão de não ser feliz assim."

Tery não admitiu, mas percebi que a rejeição de Jack a magoara. Mesmo uma mulher bastante segura fica machucada quando o homem começa uma relação física e depois se afasta. Por um lado, ela se sente desvalorizada; por outro, ela se pergunta se o homem tem problemas sexuais.

Jack é um bom exemplo desse tipo de homem extremamente sedutor e sensual no início, mas que depois se afasta. O que houve de errado?

No caso de Tery e Jack, acabei conhecendo o casal que os apresentou. Ouvindo o que me contaram, concluí que a relação dos dois estava fadada a fracassar desde o início.

Aparentemente, Jack possui um histórico de problemas de relacionamento. Ele traía a primeira esposa freqüentemente e a deixou por outra mulher, com quem não se casou. Seguiu-se uma sucessão de mulheres conquistadas e traídas. Aqui está a versão de Jack sobre o que aconteceu com Tery:

"Gostei dela desde o nosso primeiro encontro. Eu a convidei para sair no outro dia, e estivemos juntos cinco noites seguidas. No início, eu me sentia muito atraído. Na primeira noite em que fomos para a cama, ela dormiu na minha casa. Depois disso, acho que não queria que ela ficasse por lá. Às vezes me sentia pressionado, imaginando qual seria sua expectativa. Outro problema são os meus filhos. Tenho dificuldade em lidar com mulheres quando as crianças estão envolvidas, porque de certa forma a mãe delas também está.

Minha ex-mulher e eu temos um relacionamento estranho. Nós ainda transamos, e o sexo funciona muito melhor do que quando morávamos juntos. Como eu poderia contar isso a Tery?

Quando ela passava a noite na minha casa, eu queria que ela fosse embora cedo, com medo que meus filhos ou minha ex ligassem. Eu nunca disse a Tery que estava saindo com outras mulheres, e sei que ela ficaria com muito ciúme se descobrisse. Eu justificava minhas ausências com a desculpa das crianças. Não ficava na casa dela porque me preocupava com a possibilidade de minha ex-mulher ligar no meio da noite, coisa que às vezes ela faz.

Essa situação foi se repetindo cada vez com mais freqüência. Uma noite, quando Tery percebeu que eu não ia dormir na casa dela, disse: 'Estou com muita raiva. Não é culpa sua, mas estou realmente furiosa. Por que você não vai embora?'

Eu fui. Quando cheguei em casa escrevi uma longa carta dizendo que ela merecia mais do que eu estava oferecendo. Tery é uma pessoa adorável e eu não queria magoá-la. Ela recebeu a carta e sugeriu que fôssemos jantar para conversar a respeito.

Durante o jantar, Tery disse que, se eu não tivesse transado com ela, poderíamos ser amigos, mas agora ela não me queria como amigo. Nesse momento, ela deixou claro que, como eu já imaginava, desejava um relacionamento firme e estável.

Suspeito que a principal razão que fez com que a relação não funcionasse foi o que estava acontecendo entre mim e minha ex-mulher. Se eu tivesse conhecido Tery em outra circunstância, poderia ter sido diferente. As mulheres sempre me dizem que queriam ter me conhecido antes, quando eu estava mais disponível emocionalmente. Não sei se isso é verdade, porque nunca fico com uma mulher por tempo suficiente para que ela me conheça melhor.

Sempre tenho duas mulheres e nenhuma parece me satisfazer emocionalmente. Eu me separei da minha primeira esposa por causa de outra mulher e o mesmo aconteceu com as que vieram depois.

Com a Tery, havia dois problemas que me incomodavam. O primeiro é que eu prefiro mulheres com cabelos escuros. No começo eu me sentia atraído por ela, que é muito feminina, mas não é bem o meu tipo. O segundo problema realmente me aborrecia. Ela era afetuosa demais, grudenta demais, estava sempre me tocando, e aquilo começou a me irritar. Eu devia ter dito isso a ela, mas, como havia a questão da minha ex-mulher, e eu achava que a relação não iria adiante, preferi não falar nada."

O que Tery deveria ter percebido

É muito fácil dizer, quando os casos terminam, que há certas coisas que você deveria ter percebido ou não deveria ter tolerado. Mas, quando um homem tem segredos e segundas intenções, não é tão simples quanto parece. As mulheres se preocupam em não ser agressivas, dominadoras, possessivas ou intrometidas. Então elas aceitam o que o homem diz, sem investigar. No entanto, quando um homem está ocultando alguma coisa, ele geralmente deixa algo escapar, porque, de certa forma, ele quer que você saiba o que ele está escondendo. Se você quer se proteger nos relacionamentos, precisa ficar atenta para tentar descobrir o que realmente está ocorrendo. Não se preocupe em parecer intrometida; é a sua vida que está em jogo, e você tem que se proteger. Você é *sua* prioridade absoluta.

Vamos ver as mensagens subliminares de Jack para Tery:

1. Ele falou sobre a culpa que sentia em relação ao seu casamento. Isso deveria ter indicado a Tery que talvez ele tivesse *realmente* motivo para se sentir culpado. O histórico de Jack mostra claramente que ele tem o hábito de colocar as mulheres umas contra as outras. Tery deveria ter notado isso.
2. Ele contou a Tery que a ex-mulher ainda tinha ciúmes dele. Em vez de achar que Jack era a vítima da relação, Tery deveria ter pensado que, se a ex-mulher se sentia no direito de ter ciúmes, era porque Jack ainda mantinha um relacionamento com ela.
3. Jack estava separado da esposa havia três anos. É normal que um homem recém-separado fique preocupado com o que seus filhos pensam a respeito de seu relacionamento com outras mulheres, mas depois de tanto tempo é estranho que os filhos e a ex-mulher reajam com tanta intensidade. O fato de Jack não querer que os filhos soubessem da existência de Tery mostra que havia um problema complicado.
4. Jack tinha limites de horário estabelecidos desde o início. Ele deixou claro que alguns dias seriam dele e dos filhos e que ele veria Tery nos outros dias. Essa rígida restrição de tempo significa que o homem tem "vidas separadas" e não quer que ninguém tenha acesso a elas. Além disso, no caso de um homem supostamente solteiro e desimpedido, esses limites geralmente indicam que outra mulher está disputando o seu tempo.

Como Tery cooperou com as atividades ocultas de Jack

Tery fez o que as mulheres geralmente fazem: imaginou que a ex-mulher de Jack era uma pessoa difícil e desequilibrada. Acreditou que Jack achava ela, Tery, mais centrada e adequada. Aceitou as explicações dele e ficou com pena de Jack ter sido casado com uma mulher insuportável que estava se aproveitando de sua boa índole. Ele estimulou esses sentimentos.

Quando Tery conheceu Jack, ele falou abertamente sobre as mulheres de sua vida, seus problemas com elas e com os filhos. Tery não prestou atenção. Como estava envolvida por ele, ouviu o que queria e supôs que Jack seria outro com ela, porque Tery era tão "diferente".

Se um homem tem a tendência de tirar vantagem injustamente ocultando seus casos secretos, você geralmente pode identificar essa característica prestando atenção no que ele diz sobre seus relacionamentos anteriores. Veja algumas perguntas que você deve fazer a si mesma antes de se envolver: como ele terminou seus relacionamentos? Ele fala mal da ex-mulher para deixar você com raiva dela? Há alguma história confirmada de traição com outra mulher?

Você também pode encontrar pistas na maneira como ele organiza seus horários. Quando um homem tem necessidade de limites especiais de tempo, geralmente há outra mulher o controlando. E algo que toda mulher deveria compreender: *se outra mulher está controlando o tempo dele, é porque o homem, de certa forma, permitiu que isso acontecesse.*

Capítulo 5

Tão perto do amor: quando ele está caidinho por você e sabe disso

Evitar "mãos dadas" resume o que é fobia a compromisso. Por quê? Porque, para os homens acometidos dessa fobia, esse gesto traz embutida uma esperança de permanência, coisa que eles não suportam. Mas, como já vimos, mesmo assim eles se envolvem em relacionamentos. Até se casam. Então o que acontece quando um homem com fobia a compromisso se vê num relacionamento estruturado? Para entender suas reações, você tem de pensar sobre o que significa um relacionamento permanente.

Para o homem normal, um relacionamento com um membro do sexo oposto pode ser uma experiência agradável, além de muito gratificante. Mas um relacionamento sério traz certas obrigações, responsabilidades, expectativas e (lá vem a palavra novamente) compromissos. Por definição, um relacionamento possui uma estrutura. Lembre-se de que para o homem fóbico qualquer estrutura, mesmo as menos rígidas, traz ansiedade e desconforto.

Quando um homem desse tipo começa a ver seu relacionamento como uma estrutura de confinamento, todas as suas reações de "lutar ou fugir" são acionadas. De repente, o que era visto como um refúgio carinhoso e amoroso passa a ser encarado como uma prisão. E, sem lógica alguma, ele começa a se preocupar em ficar preso para sempre.

Manter distância – a meta do homem com fobia a compromisso

Você reconhece o cenário: ele não descansou até conquistá-la. Agora você está disponível para ele o tempo todo. Vocês podem estar morando juntos, podem estar casados ou tão comprometidos um com o outro que já é quase um casamento.

SUA META: investir na relação para solidificá-la e fazê-la evoluir.

A META DELE: encontrar espaço ou distância em meio ao relacionamento.

A intensidade com que ele busca esse espaço depende do grau de sua fobia. Um homem com uma leve reação de ansiedade pode ficar satisfeito com uma dessas opções: chegar em casa tarde da noite algumas vezes por semana; ter passatempos que, por definição, excluam a mulher; desaparecer em outro cômodo da casa numa tentativa de ganhar espaço, etc.

Um homem com fobia mais grave vai distanciar-se ainda mais e pode permanecer no trabalho depois do expediente ou tornar-se perito em um esporte ou passatempo, algo que justifique sua ausência durante vários dias.

O homem com fobia extrema tem uma forte sensação de estar preso e vai escolher métodos radicais e drásticos para manter distância. Ele pode se tornar briguento e agressivo, recusar-se a se mostrar confiável e disponível ou usar outras mulheres como forma de criar e manter o afastamento.

O relacionamento sério – um ambiente claustrofóbico

Você já sabe que esses homens consideram o compromisso, especialmente o casamento, a armadilha final. Sabe como muitos se sentem em relação ao assunto? Imagine como seria se você estivesse presa atrás de um muro – para sempre.

Do mesmo modo que uma pessoa claustrofóbica não vai entrar em um cômodo a não ser que saiba que tem janelas e portas acessíveis, o homem com fobia a compromisso não vai entrar em um relacionamento a não ser que possa encontrar uma saída. Manter a imagem do muro em sua mente vai ajudá-la a entender como esse homem teme se sentir preso em algum local para sempre.

Como um homem com fobia a compromisso preserva o relacionamento... enquanto mantém distância

Alguns homens com fobia a compromisso conseguem lidar com o problema de uma maneira construtiva. Isso pode ser observado em casamentos em que distância e espaço fazem parte do acordo entre o casal.

Um bom exemplo desse tipo de casamento é o dos meus amigos Don e Joan. Conheço Don, um engenheiro de projetos, há muito tempo. Até encontrar e se casar com Joan, ele nunca havia ficado com uma mulher por mais de seis meses. Eu achava que ele jamais se casaria, e Don fez muitas mulheres infelizes, seguindo um padrão de comportamento típico do homem com fobia a compromisso. Com Joan foi diferente desde o começo. Sua ocupação – ela é terapeuta do sono envolvida com pesquisas – não a deixa livre durante muitas noites e na maioria dos fins de semana (na verdade, ela freqüentemente dorme no laboratório). Joan também viaja bastante, dando aulas e ministrando palestras. Don possui mais tempo livre em sua agenda do que quando era solteiro. Às vezes ele reclama com bom humor do trabalho de Joan, mas o estilo de vida que ela leva parece adequar-se perfeitamente às suas necessidades.

Quando um homem com fobia a compromisso se sente aprisionado para sempre

O caso mais grave de um homem com fobia a compromisso é o daquele que, depois de assumir um compromisso sério, acorda um dia sentindo-se totalmente aprisionado. Quando esse homem entra em pânico, a única saída que ele encontra é destruir o relacionamento. Ele é incapaz de sair do relacionamento de uma forma amena.

Para complicar ainda mais as coisas, ele nem sempre tem certeza de que quer partir. Apenas deseja certificar-se de que o relacionamento é ruim o suficiente para poder terminá-lo sem muitas explicações. Esse homem é tão perverso que fica mais feliz quando o relacionamento está em frangalhos, pois assim não só ele tem uma boa razão para ir embora, como também pode colocar a culpa na mulher.

Eu sei que sempre há dois lados de uma mesma história, porém, quando um homem com forte fobia a compromisso faz de tudo para não ficar aprisionado, cabe a ele a maior parcela de culpa por sabotar e destruir as chances de um amor verdadeiro.

Tal como uma pessoa com claustrofobia presa no elevador, o homem fóbico sente que está preso entre quatro paredes para sempre. Descontrolado demais para encontrar uma porta, ou para abri-la quando a encontra, ele começa a derrubar as paredes. Uma mulher envolvida com um homem desse tipo deve aprender a se esquivar, pois ele freqüentemente joga tijolos simbólicos naquela que ele vê como seu carcereiro.

Um homem assim raramente é racional. Tudo o que ele sente é um desconforto profundo e inexplicável. Quando se trata de um caso desses, todo o relacionamento do casal fica concentrado no desespero dele. A mulher, as crianças, o sexo, as decisões e as brigas – tudo gira em torno das necessidades *dele*.

Mas como ao mesmo tempo esse homem precisa da segurança do amor de uma mulher, seu conflito é enorme. Quando a mulher se cansa e procura sair da situação, ele muitas vezes recorre a táticas de conquista/pânico, corre atrás dela e todo o processo se inicia novamente. Esses homens fazem um jogo constante com os relacionamentos, e qualquer mulher que se envolva com um deles está condenada a sofrer muito.

Ele começa menosprezando e maltratando emocionalmente sua mulher, ou procurando outras mulheres para tentar escapar. Seja você a esposa ou a outra, a não ser que consiga elevar sua tolerância a limites extremos – o que pode ser destrutivo – ou que ele mude drasticamente – o que é difícil –, não tem nenhuma chance.

O marido que procura defeitos: quando o "sim" dele significa "não"

Alguns homens conseguem passar por todos os estágios, incluindo a cerimônia de casamento, sem apertar o botão do pânico. Normalmente, esse retardatário começa a perceber o que está acontecendo mais ou menos na véspera do casamento, mas o pânico total só chega um dia depois da cerimônia.

Quando isso acontece, a mulher sofre horrivelmente. Pense nisso. Ela se casa com um homem que a ama e na manhã seguinte acorda ao lado de um homem que parece odiá-la. No entanto, não se trata de ódio. Ele não odeia sua mulher, ele odeia a *armadilha do casamento*. Ele precisa saber que dispõe de uma desculpa para terminar o relacionamento se um dia não puder mais suportar. Então ele começa a procurar razões para provar que sua mulher não serve para ele e que o casamento não dará certo. Ele sabota a relação, geralmente a partir do primeiro dia.

Todos os homens com quem conversei sobre isso admitem

sentir alguma culpa. No entanto, a maioria diz que procura compulsivamente encontrar defeitos na mulher e sente ressentimento e raiva por estar preso a ela. Muitos confessaram que quando suas mulheres passam a agir de forma particularmente agradável, procurando amenizar as agressões, eles pensam que elas os estão manipulando e tentando fortalecer a prisão.

Vince, que se casou e se divorciou duas vezes, recorda com clareza que, no primeiro casamento, ele vivia preparando o terreno para poder fugir. Ele desejava ter certeza de que os argumentos para partir estavam sempre disponíveis:

"Eu sabia que queria ir embora algumas semanas depois do casamento, mas não sabia como fazer isso. Obviamente, eu não poderia pular fora se o casamento fosse feliz. Então, quando as coisas estavam bem entre nós, em vez de ficar feliz, eu me preocupava, achando que não conseguiria escapar. Ficava furioso com minha mulher e passava a culpá-la por ter me feito casar com ela. Brigava, não queria que nosso relacionamento evoluísse e começava a pensar em outras mulheres. Sei que tudo isso parece absurdo, mas é assim que eu me sentia."

As mulheres muitas vezes se perguntam se os homens se sentem culpados quando estão sendo destrutivos com elas. Vince conta que, quando agia assim, ele se sentia mal por estar empatando a vida de sua mulher. Ela poderia ter partido, se casado com outro e ter tido os filhos que desejava. Mas ele não se sentia culpado por ferir o ego dela ou destruir sua auto-imagem:

"Eu disse coisas terríveis para a minha primeira mulher. Sinto-me culpado agora, mas na época não tinha idéia do estrago que estava fazendo no ego dela. Minhas reações eram praticamente instintivas. Eu me sentia sufocado, e era tão necessário para a minha sobrevivência agir daquela forma que não me dava a menor conta do poder destrutivo das minhas agressões. Eu só queria saber que tinha as razões para partir quando desejasse."

Muitos homens me disseram que uma das razões de tantas brigas era causar na mulher tamanha infelicidade que ela tomaria a iniciativa de terminar a relação, dividindo a responsabilidade pela separação. Vince concorda:

"Não há dúvida de que eu também a estava testando. Uma parte de mim esperava que ela se sentisse mal e me chutasse, outra ficava aterrorizada de que isso pudesse acontecer. Eu me lembro que um dia minha esposa perguntou: 'Se você acha que há tantas coisas erradas em mim, por que continua comigo?' E eu não tinha coragem de dizer que grande parte de mim não queria ficar. Por fim, ela me deixou."

Usando outra mulher para manter a distância

Para um homem que quer destruir seu casamento, há um método melhor do que ter um caso ou uma série de casos? Em geral, um homem com fobia a compromisso age com as outras da mesma maneira que age com a esposa. O processo é geralmente semelhante: ele persegue uma mulher até que ela seja conquistada. Então ele se sente preso e se afasta.

Muitas mulheres se envolvem com homens casados que dizem amá-las e que planejam deixar as esposas. Se você é a outra, é importante que perceba que para o homem com fobia descontrolada a compromisso você é a janela aberta e a maneira de ganhar espaço – apenas temporariamente.

E se você é a outra e começa a alimentar expectativas em relação a um compromisso, saiba que ele vai fugir e você não fará mais parte de sua vida. Logo ele estará com uma terceira mulher ou com a esposa, pedindo perdão porque errou.

Quando a "outra" o faz sentir-se aprisionado

Um homem casado pode correr atrás de uma mulher e passar por todas as fases da síndrome de conquista/pânico. Isso é claramente ilustrado pela seguinte história:

KAREN, 36 anos, divorciada há 10 anos

Karen é produtora de teatro. É amável, articulada, sensata e compreensiva. Apesar de ser atraente, não é o tipo de mulher que um homem casado escolheria para ter um caso, pois é muito profunda e complexa. Mesmo assim, David, casado e pai de três filhos, resolveu conquistá-la.

Esse relacionamento, como você verá, teve o típico começo, meio e fim que se espera quando um homem não consegue se comprometer com mulher alguma.

"No início, David e eu não tínhamos um caso. Todas as manhãs eu ia até o Centro buscar o jornal. Eu sempre via aquele homem andando sozinho e o achava simpático. Um dia ele estava com um bebê; sorri para ele e conversamos um pouco. Ao se despedir, ele me entregou seu cartão.

Logo depois, ele começou a me ligar às segundas, o dia em que o teatro está fechado. Eu me perguntava por que e o achava pouco atraente. Começou a me convidar para almoçar e eu recusava. Às vezes, ele ligava várias vezes ao longo do dia, deixando-me exasperada, e comecei a tratá-lo rispidamente. David não desistia e aos poucos foi me parecendo menos horrível, e comecei a pensar que seria saudável me divertir um pouco."

Quero fazer um parêntese para comentar que várias mulheres que se envolveram com homens que têm fobia a compromisso diziam para si mesmas que deviam sair e se divertir mais. Creio que estavam sendo sinceras. Penso, porém, que a história de Karen indica que muitas mulheres ainda acham que precisam de um homem para levá-las para sair e se divertir.

"David se interessava por mim e me ouvia com muita atenção. Disse que escolhera não trabalhar, e que vivia da renda provinda de aluguéis de imóveis. Eu o achava brilhante e acreditava em tudo o que ele dizia. Aliás, antes de conhecê-lo, eu acreditava em qualquer coisa que um homem me dissesse. Ele parecia muito calmo e seguro, e contou-me que era bastante feliz no casamento."

Depois de um ano de encontros, David convidou Karen para almoçar na casa dele. A esposa nunca estava presente. Ora tinha saído com as crianças, ora estava na casa da irmã, e ele ficava tomando conta dos filhos. Karen achou que a mulher de David não se importava muito com o que ele fazia.

"Então, um dia, David sugeriu que fizéssemos massagem um no outro, e foi a primeira vez que demonstrou sua atração por mim. Conversei sobre isso com meu terapeuta. Ele me encorajou a ter um caso. Disse: 'Karen, você está num deserto, morrendo de fome... Alguém aparece e oferece um sanduíche, mas você sonhava com um filé. Não é melhor aceitar o sanduíche até aparecer alguém com um filé?'"

Karen conta que no encontro seguinte os dois terminaram fazendo amor na casa dele. Ela se incomodou, pensando que estava na cama do casal, mas ele não parecia preocupado.

"Quando perguntei sobre o seu casamento, David falou bem da mulher, mas contou que eles não faziam mais sexo. Ficou claro que havia problemas na relação dos dois, mas imaginei que fosse por culpa da mulher, pois o achava carinhoso, companheiro e gentil. O apoio que recebia dele me fazia sentir mais otimista em relação a mim mesma e ao meu trabalho. Estava grata, queria retribuir, mas não desejava acabar com o casamento dele. Não fazia qualquer exigência. Se ele me ligasse, ótimo. Se não ligasse, também estava bem."

Com o passar do tempo, David foi entrando cada vez mais na vida de Karen. Como qualquer homem com fobia a compromisso, o fato de ela ser uma mulher independente, com seu próprio negócio e nenhum interesse em acabar com o casamento dele, fez com que David pensasse que Karen realmente não precisava dele. Então iniciou o jogo perigoso que muitos homens fóbicos fazem. Estimulava-a a exigir coisas dele, a cobrar mais atenção, a ligar para ele em casa. Na ocasião, Karen pensou que se tratava de ingenuidade, e que era loucura ameaçar o casamento daquela forma.

Nove meses depois de conhecer David, Karen saiu com outro homem no primeiro dia do ano, depois de ter passado o réveillon sozinha.

"David me ligou enquanto o outro estava em meu apartamento, e surtou quando se deu conta disso. Fiquei chocada, pois não considerava que tivéssemos um compromisso. Mas, no dia seguinte, ele foi ao meu escritório e entrou numa grande crise de ansiedade. Dizia que me amava. Eu perguntava: 'Como é que você me ama, se continua morando com sua esposa? Não sei por que está reclamando.'

Ele continuou exaltado, a ponto de sentir-se mal. Repetiu tantas vezes quanto eu era importante para ele e como me amava que comecei a acreditar. David me pareceu sincero. Eu então disse a ele que não sairia com mais ninguém, embora internamente não descartasse essa possibilidade."

O relacionamento de Karen e David continuou assim até o verão, ele se desdobrando em carinho. Quando Karen comunicou que ia sair de férias, ele teve nova crise de ansiedade.

"Convidei-o então para ir comigo e ele aceitou. É preciso dizer que a mulher dele facilitou muito as coisas. Ela viajou para a casa dos pais e aceitou a desculpa que David deu para não acompanhá-la."

Então Karen e David viajaram para a Califórnia, onde se divertiram muito. Karen chegou a ajudar David a escolher um presente para a esposa. Ela não pensava em nada sério até que, no aeroporto, David a pediu em casamento.

"Eu disse que precisava pensar, pois não queria me precipitar. A partir desse momento, comecei a levar David a sério. Ele era sempre muito amável, carinhoso, bem-humorado e acolhedor. Achei que éramos capazes de resolver nossas pequenas diferenças.

Então, uns dois dias depois da nossa volta, David me procurou chorando. Estava arrasado porque achava que a mulher estava tendo um caso. Fiquei enfurecida. 'O quê? Você fugiu para passar duas semanas comigo e agora está reclamando que sua esposa pode estar tendo um caso? Vá contar isso ao seu analista, porque eu não quero ouvir.' Ele choramingou: 'Mas você é minha amiga.' E eu respondi: 'Sou sua amante. Você não compreende isso?'

Dois dias depois, ele apareceu para me contar que tinha conversado com a mulher e que ela dissera que o amava demais para se interessar por outro homem. Você acredita numa coisa dessas?"

Apesar disso, Karen achou que se tratava de um desatino momentâneo, provavelmente causado pela crise que ele estava vivendo. Agora ela entende que se tratava de uma mensagem clara. Mas naquele momento havia outra mensagem paralela: a de que ele a amava e desejava casar com ela.

"Resolvemos então casar assim que David deixasse sua mulher. Às vezes eu o pressionava um pouco, e ele dizia que tínhamos o resto de nossas vidas. Achei que ele estava sendo cuidadoso com a mulher e respeitei isso.

Houve um momento em que tive clareza suficiente para questionar nosso relacionamento. Duvidei que David fosse capaz de cumprir suas promessas, mas logo achei que estava exagerando. Hoje percebo que fiz um esforço para acreditar nele, ignorando uma voz interna que me alertava."

A maioria das mulheres me relatou ter tido um momento de clareza assim em relacionamentos com homens como David. Quando olham para trás, elas se dão conta de que pressentiram que aquilo significava o começo do fim. Karen não estava mais feliz em ser apenas namorada de David. Ela queria casar com ele, queria que ele deixasse sua esposa. Essa mudança provocou uma alteração no comportamento dele.

"Então chegou o feriado do Memorial Day e, como era uma segunda-feira, achei que ficaríamos juntos, como acontecia sempre. Quando David disse que teria de passar o feriado com a mulher e a família, fiquei furiosa, reclamei com veemência e joguei um copo no chão. Ele ficou com raiva de mim e mais uma vez disse que tínhamos o resto das nossas vidas para ficarmos juntos. Eu o coloquei para fora de casa, mas pouco depois ele ligou dizendo que estava se sentindo péssimo. Então fizemos as pazes."

David contou que seu terapeuta dissera que se ele continuasse com a esposa seria infeliz pelo resto da vida, e se casasse com Karen sentiria culpa, mas finalmente seria feliz. Karen se convenceu de que David precisava de ajuda para deixar seu casamento.

Por sugestão de seu terapeuta, Karen deu a David um ultimato de três meses. Nesse meio-tempo, ficou evidente para ela que a mulher de David percebia que algo estava acontecendo, porque perguntava ao marido se ele queria o divórcio. Sem perceber, a esposa de David estava abrindo as portas e passando a David a idéia de que ele não estava preso ao casamento.

"Finalmente, David me contou que, quando ela perguntou se ele estava tendo um caso, ele respondeu: 'Você está louca?!' Mais uma vez fiquei furiosa. Dei-lhe 24 horas para fazer alguma coisa, ou seria o fim de nossa história.

A mulher de David estava na casa de verão dos pais dela. Quando ele partiu para lá, pensei que provavelmente nunca mais o veria, mas estava preparada para aceitar o que acontecesse.

Quando David ligou, seu tom de voz parecia frio e irritado. Ele disse: 'Foi a pior coisa que já fiz na vida.' Acrescentou que planejava ficar lá durante o fim de semana e que talvez ligasse na volta. Karen não deixou de notar o "talvez". Esse era o homem a quem ela precisara pedir que não ligasse de hora em hora. Toda a postura dele estava mudando, e ela não conseguia entender.

Bem, ele ligou contando que dissera à mulher que a estava deixando. Mas continuou a morar com ela e com as crianças, alegando que meu apartamento era muito pequeno. Além disso, ele mudara muito. Se antes era cheio de entusiasmo, amor e ternura, agora se mostrava retraído e negativo. Eu olhava para David e pensava: 'Ele deve ter sido sempre desse jeito com a mulher dele.' Tudo isso me deixava tensa e insegura.

Meu terapeuta aconselhou-me a procurar uma terapia de

casais, e David concordou. No caminho para a nossa segunda consulta, logo depois de estacionar o carro, ele me abraçou e disse que me amava mais do que tudo no mundo. Das consultas eu me recordo muito pouco; lembro-me apenas do dia em que falei que David não percebia a dor e a angústia que me causava. Então a terapeuta disse: 'Você não percebe, Karen, que David não se importa com sua infelicidade. Não é mesmo, David?' Ele respondeu friamente que ela tinha razão. A terapeuta acrescentou: 'David não consegue assumir um compromisso, não é verdade, David?' E mais uma vez ele disse que sim, que ela tinha razão.

Aquele foi o fim. Nossa história acabou ali mesmo. Tudo o que eu conseguia sentir era choque e dor. Como ele pôde mentir daquele jeito o tempo todo? Foi uma experiência terrível. Eu não conseguia comer, não conseguia dormir. Encontrei-me com David por acaso uma semana depois e, como ele parecia muito bem, concluí que tivera um colapso. Insanidade temporária era a única explicação possível. Como poderia um homem normal passar por aquela experiência sem se abalar? Eu tinha certeza de que ele não mentira e ficava achando que, quando melhorasse e percebesse o que havia feito, ele voltaria.

Eu não queria aceitar que nosso amor não fosse real. Esperei durante todo o verão e perdi 9 quilos. Então, em setembro, David ligou e perguntou se podia aparecer. É claro que eu disse que sim.

Ele estava exatamente como era no princípio. 'Você é uma santa', ele disse. 'Será que pode me perdoar?' Não resisti e perdoei. Então tudo recomeçou: ele falava em casamento e fazia planos para deixar a esposa. Em seguida, mudou de atitude. O David que faria qualquer coisa para me deixar feliz já não existia. Em seu lugar havia um homem que não queria ceder mais – nada.

Então um milagre aconteceu. Um outro homem me convidou para ir com ele a uma festa. Ao saber disso, David ficou doido. Reagiu dizendo que iria mesmo anunciar à mulher a separação.

Pensei: 'Não é estranho que a única forma de fazer esse homem agir é ameaçando-o? Isso não tem nada a ver com amor.'"

Apesar do envolvimento que ainda sentia, Karen estava emocionalmente exausta.

"David apareceu na manhã seguinte dizendo que havia contado à mulher que estava tendo um caso. Para mim aquilo não era um sinal de que ele desejava deixá-la, mas de que queria promover o caos na vida de todos ao seu redor. Meu terapeuta concordou comigo. Quando contei a David o que meu terapeuta dissera, ele respondeu: 'Você está certa. Tudo mudou.' Senti meu coração bater bem forte. 'Amo minha mulher', ele concluiu.

Minha única reação foi esmurrá-lo o mais que pude. Quando finalmente parei, ele me disse coisas terríveis. Disse que não conseguia lembrar se algum dia tinha me amado, mas sabia que com certeza não sentia mais nada por mim, e realmente amava sua mulher. Ficou repetindo que era um homem casado, como se eu não soubesse disso. Ordenou que eu nunca mais ligasse para ele. Nunca mais vi David nem falei com ele."

Quando o relacionamento começou, Karen acreditava que o problema de David consistia em estar casado com uma mulher que não satisfazia suas necessidades. Quando os dois terminaram, ela sabia que não era esse o caso.

"Meu pecado no relacionamento com David foi achar que eu era a heroína, muito melhor do que a mulher dele. Acabei constatando que era igual a ela, cedendo e me humilhando para manter o amor de um homem. Pensei que tínhamos um amor de verdade, um amor bonito. Não achei que três anos de amor podiam desaparecer tão rápido. Estava enganada. Mas acho que David foi muito injusto. Acredito que ele sabia a verdade sobre si mesmo. Eu não sabia, mas ele sabia."

E a esposa?

Se você é "a outra", é fácil ter uma noção do tipo de mulher com quem o homem que você ama é casado. Ele diz que ela não se importa com o que ele faz e você acaba acreditando. Ele diz que ela tem sua própria vida e você pensa que talvez essa vida inclua outros homens. Ele diz "Nós nunca nos demos bem" e você conclui que a culpa é dela. No entanto, muito freqüentemente, a esposa é apenas uma mulher tentando ter uma relação sincera com esse homem.

JOYCE, 40 anos, mãe de cinco filhos – incluindo gêmeos – com idades de 10 a 18 anos

Joyce é um bom exemplo de uma mulher que planeja continuar casada com um homem que tem fobia a compromisso. Ela se adaptou à necessidade constante de Hal de manter distância e se conformou com seus freqüentes casos amorosos. Outra mulher ficaria com raiva ou iria embora. No início, ela permaneceu no casamento por causa das crianças e agora, porque se acomodou. Ela confessa que o dinheiro tem algo a ver com sua decisão. Acredito que Joyce realmente ame o marido e sei que é uma mulher determinada e forte.

Hoje, Joyce é uma nova-iorquina sofisticada e elegante. Mas não foi sempre assim. Dezenove anos antes, quando se casou, era uma moça ingênua e dependente, vinda de uma região rural.

"Percebo agora que Hal não teria se casado comigo se não fosse a Guerra do Vietnã. Estávamos saindo juntos – talvez uma vez por semana – havia mais de um ano. Eu saía com outros rapazes, mas Hal era o que mais me atraía. Ele não tinha dinheiro e andava sempre com a cabeça nas nuvens, mas eu gostei muito dele. Seu olhar era intenso e ele parecia precisar de mim, embora não demonstrasse. Mesmo então, devo admitir, ele não era totalmente confiável quando dizia que ia aparecer ou ligar. Mas eu era tão popular e independente que isso pouco me incomodava. Naquele tempo, a maioria das pessoas considerava Hal um sujeito desocupado, irresponsável e descuidado, mas eu não me dei conta disso. Ele estava se formando quando foi convocado e então me pediu em casamento. Imagino que ele quisesse casar para não ter que ir para o Vietnã, mas, na época, eu apenas achava que ele não queria se separar de mim.

Hoje em dia vejo que algumas pessoas demorariam mais para escolher o jantar em um restaurante do que eu para aceitar o seu pedido. Acho que queria ir para a cama com ele, mas não sabia como fazer isso sem me casar, porque era muito jovem, e tive uma severa criação religiosa. Apressamo-nos na semana seguinte para conseguir uma licença, as alianças e planejar uma pequena cerimônia. Meus pais vieram e nós nos casamos."

Assumir um compromisso para evitar outro parece estranho, mas descobri que muitos homens com fobia a compromisso simplesmente fazem isso. Muitas vezes eles se casam com uma mulher para evitar outra. No caso de Hal, o casamento lhe deu um motivo para não servir o Exército. Outra característica desse tipo de homem quando se casa é a rapidez, para que não haja tempo de desistir. É como se o casamento acontecesse quase que por acidente.

"Durante a lua-de-mel, nos demos muito bem no sexo. Então Hal conseguiu um emprego em Chicago e nos mudamos para um pequeno apartamento. Como era de se esperar, fiquei grávida na lua-de-mel. Ele trabalhava muitas horas. Reclamava constantemente do trabalho, mas passava bastante tempo fora e eu raramente o via. Depois que o bebê nasceu, eu me acostumei a ficar sozinha, porque ele voltou a freqüentar a faculdade de administração à noite. E, é claro, engravidei de novo. Eu me sentia bastante isolada porque meus amigos moravam em bons apartamentos e progrediam em suas carreiras. Quando pedia a Hal que permanecesse mais tempo em casa, ele me olhava como se eu o estivesse xingando. Talvez ele passasse uma noite por semana comigo. Meus filhos se tornaram meus melhores amigos.

Enquanto isso, Hal começou a trabalhar como vendedor, o que o obrigava a viajar a trabalho, ficando fora por dias seguidos. O sexo era sempre bom e ele parecia feliz com o casamento quando voltava para casa. Eu é que estava infeliz. Minha vida se resumia às crianças. Havia menos de dois anos de diferença entre elas, e me mantinham sempre ocupada. Pensei em me separar de Hal, mas não sabia para onde ir. Meus pais nunca entenderiam e eu me sentia muito isolada de todos. Era humilhante e constrangedor admitir que meu marido nunca vinha para casa.

Depois de oito anos de casados, duas coisas aconteceram. O trabalho de Hal nos trouxe riqueza e eu descobri que meu marido tinha casos. Deveríamos estar felizes, pois finalmente ele não teria que trabalhar tanto nem sair todas as noites. Mas tudo piorou. Ele simplesmente não sabia ficar em casa e continuou a ter casos, mas só então eu descobri. Quando comecei a suspeitar de outras mulheres, fiz coisas estranhas. Deixava os assentos dos vasos sanitários levantados e colocava pontas de cigarros nos cinzeiros (eu não fumo) para que ele pensasse que um homem tinha estado em nossa casa. Tivemos algumas brigas horríveis. Fiz tudo o que podia imaginar. Eu lhe agradava para conseguir o que queria e ele prometia mudar, mas não mudava. Fui ficando tão deprimida que às vezes não conseguia sair da cama. Quando achei que um de seus casos era sério, arrumei as coisas das crianças e fui embora. Ele nos procurou durante dias, até meu irmão contar onde estávamos.

Nunca vou esquecer aquele dia. Ele entrou na cozinha e, quando viu nossa filha mais nova brincando no quintal, começou a chorar. Fiquei surpresa, sem conseguir acreditar. Era a primeira indicação da sensibilidade de Hal. Tínhamos um bom relacionamento sexual e esta era a única forma de comunicação entre nós. Mas naquele dia ele parecia bem triste e eu me senti muito mal. Então decidi voltar. Não acreditei que fosse encenação e achei que ele queria deixar de ser egoísta e desrespeitoso.

Todas as vezes que eu queria ir embora, lembrava-me daquele dia. Concluí que era melhor para meus filhos viver com o pai, mesmo que o vissem apenas por curtos períodos. E, se eu ia ficar com Hal, tinha que ser mais feliz. Agora ficou mais fácil porque as crianças estão mais velhas e nós somos mais ricos. Gosto da minha vida. Viajo, faço o que quero e ele não se incomoda. Talvez por causa da minha formação religiosa, nunca tive casos. Mas adoro tênis, museus, restaurantes e teatro. Posso fazer o que quiser. Tenho um ótimo relacionamento com meus filhos e muitos amigos.

Percebo que Hal não consegue usufruir o convívio com a família. Nos feriados, é ele quem insiste para termos uma grande comemoração. Mas, quando estamos todos reunidos, ele vai sozinho para outra sala, fecha a porta e lê o jornal. Ele deseja saber que estamos por perto para o caso de precisar de nós, mas fica nervoso se passar muito tempo conosco. Sei que parece loucura, mas meu marido é assim."

O marido com fobia a compromisso

O que dizer do marido com fobia a compromisso? Que tipo de homem é esse, capaz de tornar uma mulher tão infeliz?

Talvez o mais incrível em um marido com fobia a compromisso sejam os extremos a que ele chega para não se sentir preso. Seu desconforto é tão grande que ele perde de vista a noção de que sua mulher é um ser humano. Quando se apaixona, talvez consiga perceber que tipo de pessoa ela é. Mas, depois do casamento, fica tão intensamente incomodado, ansioso e descontrolado que não consegue mais enxergá-la com clareza. É muitas vezes um homem sem qualquer compaixão. Sua ânsia de encontrar espaço e liberdade em um relacionamento que o aprisiona é semelhante à de um animal recém-capturado. Ele se debate, e é inútil dizer-lhe que sua esposa o ama. Ele não consegue ver a realidade da situação. Na sua cabeça, ela é o algoz.

O casamento não transforma o homem com fobia a compromisso

Quando uma mulher se envolve com um homem que tem dificuldade para assumir um compromisso, ela pensa que algo mágico vai acontecer assim que se casarem. Ela tem esperança de que o casamento o faça mudar. Mas o casamento produz o efeito exatamente oposto. Um homem que se sente preso, trancafiado, sufocado não quer mudar e assumir o compromisso. Ele quer se libertar. Quando um homem se sente aprisionado, ele simplesmente perde a capacidade de enxergar, e seu comportamento diante da esposa, ou da mulher que o está fazendo se sentir preso, é verdadeiramente revoltante.

Aqui estão alguns exemplos mais comuns de como um marido com fobia a compromisso pode se comportar:

• Ele faz de conta que não está comprometido.

Ouvi a história de um homem casado que falava para todo mundo que era solteiro (ele era casado havia anos), até o dia em que sua mulher pediu o divórcio. Só então ele começou a falar sobre a esposa, para total surpresa de muitos de seus amigos. Certamente, esse é um caso um tanto extremo, porém vários homens com fobia a compromisso fazem algo semelhante. Muitos fingem que não são casados, principalmente quando estão viajando. Outros, envolvidos em relacionamentos longos, não permitem que suas parceiras participem de muitas áreas de suas vidas – e provavelmente não dizem à família nem à maior parte dos amigos que têm um namoro firme.

Esse comportamento é obviamente muito doloroso para a mulher, pois ela se sente excluída.

• Ele age como se a mulher fosse sua carcereira e raramente a trata com carinho.

O fato de estarem apaixonados por uma mulher faz com que muitos homens fóbicos se sintam presos. Isso freqüentemente deixa o homem com raiva da mulher. Inconscientemente, ele sente que ela é responsável pela situação extremamente desconfortável em que se encontra. Esses homens raramente têm compaixão pela mulher e podem ser continuamente hostis.

Quando isso ocorre, normalmente as mulheres não sabem o que está acontecendo. O parceiro alterna demonstrações excessivas de amor com manifestações terríveis de raiva, deixando sua companheira perplexa.

• Ele experimenta uma sensação de liberdade ao usar outras mulheres para fugir de seus problemas.

A infidelidade é a forma mais simples de um homem se convencer de que não está realmente preso ao casamento. É interessante notar que muitos homens incrivelmente infiéis enquanto casados se acalmam quando estão solteiros.

Isso, obviamente, não serve de consolo para a mulher casada ou seriamente envolvida com um homem assim.

ROBERT, 41 anos, professor de inglês, divorciado e pai de três filhos

O casamento de Robert durou quase 10 anos. Durante aquele tempo, ele usou todas as técnicas típicas do homem fóbico para se distanciar da esposa. Ele é um bom exemplo de um homem que precisou desmoralizar totalmente a mulher para atender à sua aguda necessidade de ir embora. Robert é um homem sensível, um intelectual. Ele gostava da mulher com quem se casou. A única coisa cruel que ela fez foi casar-se com ele.

Robert tinha vinte e poucos anos quando se casou e sua esposa já estava grávida. Desde essa época ele tinha consciência de que não estava nada entusiasmado com a idéia de compromisso.

"Tínhamos morado juntos por pequenos períodos durante quatro anos quando Beth engravidou. Ela queria a criança e eu era jovem e inseguro demais para impedi-la, apesar de me sentir aterrorizado. Mas ajudei com o bebê e amava a criança. Acho que casei por sentir que era meu dever.

Lembro que, a primeira vez que apresentei Beth como minha esposa, tive a sensação de estar condenado. Eu não queria isso. Sentia como se tivesse entrado em uma sala escura e apertada. Vivia uma enorme divisão: amava minha esposa e o bebê, mas me sentia preso e trancafiado."

Robert foi fiel a Beth até o casamento. Muitos homens que entrevistei mencionaram um comportamento sexual semelhante – foram fiéis até o casamento e extremamente infiéis depois.

Robert e Beth eram casados havia menos de seis meses quando ele teve o primeiro caso, que durou uma semana.

"Então comecei a transar regularmente com outras mulheres. Meu trabalho me mantinha fora durante as noites e eu usava essa desculpa para nunca voltar para casa. Sentia um nítido ressentimento por estar comprometido com Beth. Quanto mais distante eu ficava, mais insegura e grudenta ela se tornava. Tornou-se um círculo vicioso."

Descobri que mulheres casadas com homens extremamente destrutivos muitas vezes apelam para uma atitude de dependência infantil. É como se elas sentissem que, se agirem como adultas, automaticamente terão que romper o relacionamento. Muitas me disseram que se tornaram "grudentas" esperando que o homem se tornasse protetor. Isso raramente dá certo, se é que em algum momento funciona.

O problema de Robert era duas vezes pior, pois ele admite que também se sentia dependente de sua mulher. Temia que ela o deixasse e, por isso, transmitia uma mensagem ambígua.

"Entrei num processo perverso. Eu não falava dos meus casos, mas deixava pistas para ela descobrir. Beth não sabia como agir, oscilando entre ficar furiosa e tentar me conquistar. Eu alternava entre negar o que estava fazendo e deixar pistas evidentes.

De tempos em tempos, chegávamos perto de nos separar. Pouco antes de nosso terceiro filho nascer, quase nos separamos. Eu lidava com o casamento como se fosse um elástico, que esticava ao máximo para me distanciar, sem no entanto sair do relacionamento. Quando a situação chegava ao limite, nós nos assustávamos e voltávamos. Éramos como duas pessoas amedrontadas nos agarrando à mesma canoa furada."

Robert é o primeiro a admitir que seu comportamento destruía a auto-estima de sua esposa. Mas seu desconforto era tão grande que ele não conseguia parar de agredi-la, por considerá-la responsável por seu flagelo.

"Beth continuava a tentar se ajustar e se acomodar. Mas brigávamos muito. Ela sofria com meu óbvio interesse por outras mulheres. Os ciúmes dela eram justos porque eu literalmente transava com dezenas delas. Ao mesmo tempo, eu me ressentia por senti-la dependente, apesar de racionalmente saber que uma mulher jovem com crianças pequenas não tinha muita alternativa. Eu disse e fiz coisas horríveis a ela, usei minha capacidade intelectual para menosprezá-la. Mas, durante anos, toda vez que falávamos em separação, eu ficava triste e pensava que precisava dela. Chegava a chorar.

Mas nunca encaramos os problemas de frente. Acho que tínhamos medo de fazer isso. Ela apenas me pedia que estivesse em casa antes de o dia amanhecer, mas eu saía com outras mulheres e voltava quando o sol já estava alto. Brigávamos e eu pedia desculpas. Dizia que ia mudar. Mas não sabia o que isso significava. Não sabia como mudar.

Quando finalmente decidimos nos separar, nós dois estávamos cansados de anos de um casamento insano. Não me lembro como foi o fim. A parte mais difícil, é claro, foi dizer para as crianças.

Assim que saí de casa, experimentei um duplo sentimento de liberdade e medo. Era como se tivesse saído de uma jaula. Estava contente por não ter mais que dar satisfações a minha esposa. Mas, algumas semanas depois, fiquei deprimido e tentei refazer o casamento. Felizmente, Beth não quis.

Sempre tive necessidade de dar minhas escapadas, não só sexualmente, mas de várias formas. Sinto necessidade de mudar de emprego e de lugar. Não gosto da sensação de estar preso em uma única situação. Em vez de me fazer mudar, o casamento só acentuou essa necessidade."

O homem com fobia a compromisso e seus filhos

Poderíamos pensar que um homem com fobia a compromisso é tão pouco confiável com os filhos quanto com as mulheres. O interessante é que esse não parece ser o caso. Apesar de muitos dos homens entrevistados afirmarem que ficavam aterrorizados com a perspectiva de ter filhos, os que haviam se tornado pais eram tão envolvidos com as crianças quanto os que não sofriam da fobia a compromisso. Muitos me disseram que filhos crescem e vão embora... esposas, não.

Capítulo 6

Quando ele não consegue amar

PHILLIP, 43 anos, fotógrafo, solteiro

Se eu tivesse que escolher um exemplo clássico do homem com fobia a compromisso, provavelmente seria alguém como Phillip. Até hoje ele não foi capaz de estabelecer um laço permanente com uma mulher e tem rejeitado dezenas delas, descrevendo a maioria como sendo "totalmente errada" para ele.

A história de Phillip está repleta de exemplos ilustrativos do tema da fobia a compromisso, com uma exceção: ele nunca experimentou a fobia a compromisso no casamento, porque nunca se casou. Porém, como muitos homens assim, ele se sente intensamente atraído pela idéia de uma ligação permanente e fica sinceramente desapontado por não ter uma em sua vida. No entanto, não consegue realizar seu pretenso desejo. Acho que Phillip concordou em conversar comigo porque atingiu um alto nível de frustração pela incapacidade de assumir um compromisso. É maduro o suficiente para saber que não pode culpar ninguém; ele sabe que é responsável pelo término da maioria de seus relacionamentos. Ao conversar com ele, senti quanto a sua história pessoal o deixava abalado.

Esse fotógrafo amplamente reconhecido passa a maior parte do tempo em Boulder, Colorado. O resto do tempo ele viaja pelo mundo afora. Articulado, atraente, inteligente, sensível e bem-sucedido, Phillip parece ser o tipo de homem com quem as mulheres sonham. Toda a sua atitude é muito atraente, mas, para uma mulher desprevenida, envolver-se com ele pode se tornar um pesadelo.

Phillip ficou noivo duas vezes. Seu relacionamento mais longo durou menos de quatro anos e terminou mal. Isso o deixa confuso e verdadeiramente angustiado. Ele não tem intenção de magoar ninguém, e se empenha em tentar entender sua aversão a compromissos. Admite todas as suas falhas, mas não sabe como resolver a questão.

"Saí e transei com muitas mulheres, decepcionando quase todas. Namorei uma que ficou envergonhada em me confessar que já havia sido casada quatro vezes. No começo, fiquei chocado, mas depois concluí que, pelo menos, ela tinha tentado fazer os relacionamentos funcionarem. Eu nunca tentei que dessem certo, e de muitas mulheres não consigo lembrar nem o nome.

Veja só a contradição: eu me imagino como um velho casado e feliz, curtindo os netinhos. Mas, na realidade, não faço a menor idéia de como chegar lá."

A aversão de Phillip a compromissos se estende a diversas áreas de sua vida. Por exemplo, ele nunca os anota a caneta, para poder apagá-los – o que acontece freqüentemente. Evita até escrever cartas. Como muitos homens fóbicos, ele tem dificuldade em tomar decisões quanto à compra de carros, casas e equipamentos. Já morou em cerca de 40 apartamentos diferentes ao longo de sua vida adulta. Fica hesitante por semanas e, para se livrar do incômodo da indecisão, acaba comprando qualquer coisa, geralmente a coisa errada.

"Nunca sei o que estarei fazendo ou onde estarei no dia seguinte. Tenho que me sentir solto."

A especialidade de Phillip é fotografar animais selvagens e ele viaja muito a trabalho. Essa é a área em que ele é absolutamente confiável. Orgulha-se de sempre respeitar os prazos e, como sua ocupação é extremamente diversificada, não se sente preso.

Mas na vida pessoal acontece o contrário. Por motivos que não consegue explicar, ele reluta em fazer planos e nem a família nem os amigos podem contar com ele.

"Tenho fama de sempre dar bolo. Quando prometo fazer algo com alguém fico ansioso, mesmo que seja com uma pessoa de quem goste, como um tio muito querido que me convidou para o seu aniversário. Sinto uma enorme resistência. Todos os que me conhecem sabem disso. Eu me esforço para encarar esses eventos como encaro as reuniões de negócios, mas não é a mesma coisa... os relacionamentos são diferentes."

Sua maneira de agir com as mulheres mudou bastante nos últimos anos. Quando era mais jovem, assim que conhecia uma mulher atraente, Phillip iniciava o jogo de conquista tradicional. Muitas das mulheres com quem conversei foram cortejadas por homens como ele. Quando isso acontece, elas se sentem muito lisonjeadas. Se o homem parece sincero, honesto e sensível, as mulheres geralmente cedem à sua investida. É fácil se envolver com alguém como Phillip. Também é muito fácil se sentir totalmente traída e desiludida quando ele muda completamente. Como Phillip mesmo diz:

"Até recentemente, quando conhecia alguém de quem gostava, eu me desdobrava. Ligava bastante, mandava flores e presentes, saía diversas noites seguidas. Isso durava cerca de uma semana e, quando as mulheres se mostravam envolvidas, eu tomava uma série de medidas para me afastar. Recuava e ficava indisponível, deixando-as com muita raiva de mim. Uma mulher chegou a jogar um tijolo na minha janela."

Uma mulher que tivesse prestado mais atenção teria visto os sinais de fobia a compromisso enquanto Phillip a cortejava. Entre outras coisas, ele divide sua vida em compartimentos. Suas namoradas raramente conhecem seus amigos e colegas de trabalho. Outro recurso que ele usa é o telefone.

"É interessante, mas mesmo quando eu estava interessado em uma mulher, resistia em dar meu telefone de casa. Nunca tive uma secretária eletrônica, e sempre foi difícil me achar. Também não peço o número do telefone dela. Em vez disso, sugiro que me encontre em um café ou um bar – geralmente, o lugar onde tivemos nosso primeiro encontro – no mesmo dia e hora da semana seguinte. Depois decido se vou ou não."

Phillip afirmou que costumava ser tremendamente promíscuo, mas isso mudou. No entanto, ele não age como um homem que pretende se casar em um futuro próximo.

"Hoje em dia, procuro só transar quando há chance de um relacionamento real. Porém, ao mesmo tempo que digo que quero uma companheira para o futuro, também percebo que nunca acho que a mulher com quem estou ficando seja a ideal para mim."

Ele diz que se sente mais feliz do que muitos, mas lamenta sua incapacidade de ter uma relação duradoura.

"Fiz uma coisa horrível há cerca de um ano. Eu me apaixonei por uma mulher, adorei os filhos dela e senti que estava formando uma família. As crianças eram loucas por mim, a tal ponto que chegaram a me enviar cartões no Dia dos Pais. Senti intensamente que queria assumir um compromisso, e pedi essa mulher em casamento. Nunca tinha me sentido tão feliz, tão empolgado com a idéia de tomar conta de uma família. Pensei que isso me daria a motivação necessária para que eu viesse a me estabelecer, trabalhar e ganhar mais. Quando conheci essa mulher, tudo em minha vida era muito transitório: eu não tinha uma casa, não tinha um carro. Então resolvi comprar tudo de uma vez. Exagerei. Era uma sensação inebriante."

Poucos dias depois dessa euforia, o alarme disparou. De repente, tudo o que ele desejava era escapar do compromisso. Não queria conversar, não queria discutir o relacionamento. Só queria fugir.

"De uma hora para outra, tudo mudou. Eu só via defeitos nela e não conseguia entender todo o encantamento anterior. Fico com vergonha de constatar como fui idiota. Tive que admitir para os amigos que tinha feito essa bobagem. Tentei sair numa boa. Procurei explicar como me sentia, mas ela não quis ouvir. Ela não acreditava. Como poderia? Algumas semanas antes eu agia como se quisesse ser tudo para ela e para os seus filhos. A situação ficou péssima. Ela tentava entrar em contato comigo. Estava com raiva e ao mesmo tempo determinada a não me deixar sair de sua vida. Ligou e mandou cartas suplicando, implorando. Simplesmente não conseguia aceitar minha explicação. Eu decidi não responder, não atendia suas ligações e ignorava suas cartas. Até que finalmente tudo acabou."

A história de Phillip sobre seus planos de casamento cancelados é um exemplo perfeito da pior forma de fobia a compromisso. Mas o interessante é que, se você ouvisse a versão da mulher, sua primeira reação seria perguntar o que ela havia feito de errado. O depoimento de Phillip deixa claro que ela não fez nada. A responsabilidade foi toda dele. Como Phillip seria o primeiro a dizer, ela nem o pressionou para pedi-la em casamento.

"Depois daquele relacionamento, tenho tomado mais cuidado. Essa experiência me deixou com a sensação de ter sido colocado em frente a um pelotão de fuzilamento e ter escapado. Acho até que esse caso me afastou ainda mais de compromissos. Quando pedi àquela mulher que se casasse comigo, não havia nada nem ninguém me pressionando. Ela ficou emocionada, mas surpresa. Sem dúvida, foi tudo culpa minha."

Alguém poderia pensar que Phillip aprendeu com essa experiência. Contudo, prosseguindo na conversa, descobri que houve outras vezes em que ele seduziu uma mulher para depois afastá-la da forma mais cruel.

"É assustador como é fácil para mim abandonar alguma coisa. Meus sentimentos me abandonam da noite para o dia, e isso já ocorreu várias vezes, pegando a mulher sempre de surpresa."

Phillip sente que está mudando, e o fato de ter comprado recentemente uma casa e um carro foi um grande passo.

"Foi difícil tomar uma decisão sobre que tipo de carro comprar, mas estou determinado a não me deixar torturar pensando se fiz a escolha certa. Pela primeira vez coloquei o endereço de casa na carteira de motorista. Nunca fizera isso antes. O grande acontecimento em minha vida vai ser quando eu puser meu nome na caixa do correio. Porque estarei me fixando em um lugar só."

É fácil descobrir por que razão uma mulher se deixa convencer por Phillip quando ele afirma que é seu desejo comprometer-se com alguém. Mas, apesar de sua sinceridade, é igualmente fácil perceber que algo o tem impedido de assumir um compromisso com qualquer pessoa, lugar ou coisa, mesmo por um breve período de tempo, e que seria arriscado para qualquer mulher achar que com ela seria diferente.

MARK, 31 anos, professor de artes, solteiro

Mark é perigoso para as mulheres porque parece muito confiável. Se você aceitar o que ele diz inicialmente, vai achar que se trata de um homem muito sozinho que busca desesperadamente o amor e o casamento. Sua aparente vulnerabilidade pode levar uma mulher a querer lhe dar mais segurança. Isso é um engano, porque, assim que Mark percebe que a mulher deseja compromisso, ele reage sabotando o relacionamento e fazendo com que ela se sinta completamente insegura.

Eu estava realizando a pesquisa para este livro quando, numa festa, uma mulher se aproximou e sugeriu que eu conhecesse seu amigo Mark. Ela me contou que o conhecia há muitos anos e que ele começava toda conversa falando de seu sentimento de solidão e da necessidade de ter um compromisso firme. Acrescentou que todos os seus amigos estavam começando a duvidar da sinceridade dessas afirmações.

A amiga destacou que Mark era brilhante. Na faculdade, era considerado extremamente talentoso e esperava-se que ele viesse a causar grande impacto no mundo das artes.

Liguei para Mark e ele concordou em ser entrevistado. Nós nos encontramos em seu espaçoso apartamento de apenas um quarto. Apesar de ser agradavelmente amplo e claro, o lugar tinha uma aparência desleixada, e Mark disse que não sabia quanto tempo continuaria lá. Acrescentou: "Precisa do toque de uma mulher, não é mesmo?"

Fiquei impressionado com a grande quantidade de fotografias nas paredes. Por todos os cantos eu via duas crianças, sobrinhas de Mark. Em muitas das fotos Mark participava com as meninas de várias atividades, um tio verdadeiramente amoroso. Se uma mulher entrasse no apartamento, as fotografias ajudariam a reforçar a versão de Mark sobre sua necessidade de ter uma esposa e um bebê. As únicas fotos diferentes eram de Mark e seus amigos de faculdade, além de uma, bem destacada em sua mesa, de sua última namorada, Jane.

A entrevista foi ótima, pois Mark é muito engraçado, perspicaz, e plenamente consciente das contradições entre o que diz e o que faz. Apesar de afirmar seu desejo de casar, ele possui algumas técnicas muito eficientes para resguardá-lo de compromissos: Mark nunca namora mulheres que se encaixam em seus critérios e nunca deixa um relacionamento passar de certo ponto.

Na semana em que o entrevistei, Mark estava tomando conta dos dois gatos de um vizinho. Confessou que suas reações eram indicativas de seu conflito. Ele se ressentia por estar preso a uma forte rotina, mas estava tão solitário que era grato pela companhia que os gatos lhe faziam. Disse que não seria capaz de lidar com o compromisso de ter seus próprios animais de estimação e que mal conseguia ter algumas plantas que ele mantinha "em um estado deplorável".

Em relação ao trabalho, Mark diz que é bem reconhecido pela comunidade, mas acrescenta imediatamente que não é de fato um professor de artes – "estou fazendo isso até encontrar algo que me satisfaça mais".

"Sinto que tudo é muito efêmero... passo de uma coisa para outra e continuo esperando encontrar a carreira e a esposa ideais. Minha ansiedade em relação a compromissos é o problema central da minha vida. Penso nisso constantemente... mas não são só as mulheres, é tudo. Por exemplo, há três anos eu decidi que queria um computador. Como sempre, comparei diversos modelos exaustivamente, sem conseguir me decidir. Será que não surgiria um mais novo, com funções melhores? Ou um mais barato? Será que os que já estavam no mercado não custariam menos no ano seguinte? Como não conseguia me decidir, resolvi alugar temporariamente um computador. Três anos depois, me dei conta de que havia gasto três vezes mais com o aluguel de um computador medíocre do que se tivesse comprado um melhor. Então mergulhei de cabeça e comprei um modelo barato. É bom, mas, como não tem muita coisa de que preciso, recomecei o processo de busca."

A solidão é um tema recorrente nas conversas de Mark. Ele relatou que não consegue se imaginar vivendo sem um compromisso permanente. Mas teve poucos relacionamentos com mulheres, e todos foram efêmeros. Só uma vez abandonou uma mulher sem qualquer explicação. Estava com ela havia pouco tempo e, uma noite, concluiu que não queria estar lá. Levantou-se da cama, vestiu-se, disse que ia sair por alguns minutos e nunca mais voltou ou falou com ela.

Mark reconhece que não só esquece os detalhes de seus envolvimentos com mulheres como também o que sentia na época. Apenas com duas delas parece ter se envolvido mais profundamente.

O relacionamento com Andrea durou apenas dois meses, mas seus amigos lembram que Mark ficou bastante entusiasmado com ela. Pelo que ele contou, acharam que ela o havia rejeitado. Como descobri, não foi isso que ocorreu.

Mark admite que se sentia fortemente atraído por Andrea. Os dois, segundo ele, tinham muito em comum, tanto emocional como intelectualmente.

"No começo, eu sonhava com o casamento, mas quando disse que a amava, percebi que não estava totalmente à vontade. No fundo, sabia que não poderia me casar com ela. Lembro-me de uma noite em que o sexo estava particularmente amoroso e de repente me dei conta de que eu exagerava no que dizia."

Mark reconhece que não gosta de tomar a iniciativa na hora de terminar um relacionamento. Em vez disso, como fez com Andrea, ele assume um comportamento tão provocativo que leva a mulher a confrontá-lo.

"Quando percebi que ela desejava casar, tornei o relacionamento amargo, ficando mal-humorado e calado. Ela decidiu terminar, dizendo que me amava, mas que não acreditava no futuro da relação. Eu certamente gostaria de ter continuado a vê-la, e fiquei muito triste e deprimido quando nosso namoro acabou, mas Andrea tinha razão – eu não ia mesmo me casar com ela."

É interessante notar que, apesar de Mark falar de sua dificuldade em conhecer e atrair mulheres, ele é surpreendentemente rápido em dar fim aos relacionamentos, mesmo quando são satisfatórios.

Quando Mark fica interessado em uma mulher, ele imediatamente a envolve em conversas sobre aspectos íntimos de sua vida, suas ansiedades e seus problemas. Ele percebe que exagera ao descrever-se como um homem em busca de uma mulher que faça diferença em sua vida, e sabe como essa aparente vulnerabilidade atrai suas possíveis parceiras.

Essa dinâmica foi muito óbvia em uma relação recente, talvez a mais longa e significativa da vida de Mark. Ele trabalhou com Jane durante mais de um ano antes de começarem a sair juntos. Sentia muita atração por ela e fez de tudo para que a moça se interessasse por ele. Quando transaram, ela já o conhecia muito bem e o surpreendeu ao aceitar totalmente suas esquisitices. Mesmo se sentindo mais seguro e confortável com ela do que em qualquer outro relacionamento, no fim tudo terminou porque ele sabia que não poderia se casar com uma mulher que não fosse judia.

Como Jane conhecia a intransigência de Mark sobre casamentos entre pessoas de religiões diferentes, perguntei por que ela investira na relação, e ele reconheceu que pode tê-la influenciado.

"Em algum momento logo no começo, antes de transarmos, acho que eu disse que, se sentisse algo suficientemente forte por uma mulher, eu provavelmente desconsideraria a questão do judaísmo. Imagino que ela acreditou que seria capaz de vencer minha resistência. Cheguei a sugerir que ela se convertesse e talvez Jane tenha considerado essa possibilidade. Eu sabia que seria impossível para mim casar com uma não-judia, mas não quis dizer isso porque desejava prosseguir com o relacionamento, pelo menos no começo.

Eu tinha outras ressalvas em relação a Jane. Ela nunca teve as oportunidades que eu tive e precisou começar a trabalhar cedo. Ela sabia que eu achava que ela não tinha a formação que eu gostaria e por isso entrou para a faculdade. Mudou politicamente e começou a se interessar mais pelo mundo ao redor dela. Passou a ler jornais, livros e revistas e ia a museus para aprender mais sobre arte. Até parou de fumar."

Todo esse investimento para mudar deixa claro que Jane estava sinceramente interessada em Mark. Mas, como acontece tantas vezes, suas boas intenções não influenciaram o comportamento dele. Nem o estimularam a ser sincero, dizendo a Jane que os esforços dela seriam inúteis.

"Acredito que todas as mudanças contribuíram para o crescimento de Jane, então não me sinto culpado. Mas não há dúvida de que ela esperava se tornar o tipo de mulher que eu desejava, e nesse aspecto não fui honesto. A maioria das minhas mensagens era muito ambígua. É uma tendência minha fazer as mulheres esperarem, em vez de dar um não definitivo.

Apesar da minha crescente frieza, Jane se empenhava em me agradar. Eu gostava disso, mas me sentia culpado porque ela não percebia que, para mim, a relação estava terminada. Quanto mais culpado eu me sentia, mais mal-humorado ficava. Quanto mais ela procurava me agradar, mais me incomodava, porque eu queria sair do relacionamento."

No início, quando Jane era amável e delicada com Mark, ele via o comportamento dela como prova de seu caráter, e acabou sentindo-se atraído por suas atitudes gentis. Mas, quando quis livrar-se do relacionamento, achou que toda aquela amabilidade era uma forma de manipulação. Muitos homens me disseram coisas semelhantes. Se uma mulher expressa seu sofrimento por causa da rejeição do homem, ele pode concluir que ela está fazendo chantagem emocional. Mark, pelo menos, foi honesto o suficiente para reconhecer que Jane estava sendo ela mesma, uma mulher agradável e generosa.

"Durante algumas semanas continuei tentando aumentar a distância entre nós. Enquanto eu procurava sabotar o relacionamento, ela se empenhava para tudo dar certo. Finalmente, depois de algum tempo assim, Jane me confrontou enquanto fazíamos uma caminhada. Foi muito desagradável... ela chorou durante todo o caminho de volta. Eu não queria que tudo tivesse terminado assim."

Jane teve a sorte de encontrar um emprego melhor e está sem dúvida mais realizada.

BRAD, 48 anos, cineasta, divorciado

Apesar de à primeira vista isso parecer contraditório, alguns dos homens com fobia a compromisso sentem-se atraídos pelo casamento. A maioria não gosta de viver sozinho e deseja compartilhar sua vida com uma mulher. Contudo, assim que esses homens dizem "aceito", uma voz fóbica grita dentro deles: "Socorro, tirem-me daqui!"

Um homem assim tende a pensar que a sensação de aprisionamento é causada por sua parceira, e não pela situação. Por isso ele se divorcia e se casa novamente várias vezes. Brad é um ótimo exemplo de homem fóbico. É um cineasta alto e bonito e está pensando em se casar pela quinta vez. Ele é o primeiro a admitir que é um pretendente questionável.

"Pode parecer estranho dizer isso, mas sempre hesitei em me casar. Aliás, não queria me casar nenhuma das vezes em que me casei e sempre considerei o casamento uma armadilha. Eu teria poupado muitas pessoas de um grande sofrimento se tivesse seguido esse instinto. Mas amei as mulheres com quem me casei. Superava todos os obstáculos quando estava interessado nelas. Viajava quilômetros, escrevia poesias, etc. Então vinha o momento em que a coisa começava a ficar séria, e eu pensava: 'Como posso escapar disso?' E aí, um dia, é tarde demais e você não consegue sair sem parecer um criminoso."

Brad se casou duas vezes quando estava na casa dos vinte. Na época, formou-se advogado, profissão que nunca exerceu. Os dois primeiros casamentos duraram pouco. O terceiro, de 12 anos de convivência, foi o mais longo, e dele nasceram quatro filhos.

"Foi a esposa com quem mais me comprometi. Ela era muito bonita e houve ocasiões em que estive muito apaixonado por ela.

Apesar disso, comecei a ter casos durante o primeiro ano de casamento. No começo ela acreditava nas minhas desculpas, mas a traição acabou ficando tão evidente que ela descobriu."

Brad conta que piorou o problema culpando a esposa.

"Como eu me sentia muito culpado, justificava meus casos dizendo para mim mesmo que minha mulher era fria sexualmente. Criticava o modo como ela fazia amor. Isso, evidentemente, criou um círculo vicioso, e ela foi ficando cada vez menos interessada em sexo.

Eu também menosprezava as coisas que ela fazia bem. Quando chegava em casa e a encontrava calmamente lendo para as crianças, com o jantar no fogo, em vez de ficar feliz, sentia-me profundamente ressentido. Hoje tenho consciência de que aquele quadro doméstico evidenciava a armadilha do casamento. Aí eu zombava dela. Culpava-a pelo meu desconforto, fazia o velho jogo do 'ninguém me entende' e inventava qualquer desculpa tola para meu comportamento."

Brad diz que sabe que sua esposa teria feito qualquer coisa para lhe agradar, mas não havia nada que ela pudesse fazer.

"Minha mulher me amava muito e eu consegui arruinar tudo. Ainda me sinto culpado por isso. Ela apenas queria ser uma boa esposa e era de fato uma mulher adorável, uma dona de casa fabulosa, dedicada e esforçada. Faria qualquer homem feliz, mas cada refeição preparada por ela era como mais um prego em meu caixão. Eu só pensava em escapar."

Durante esse casamento, Brad se envolveu seriamente com uma mulher casada, que sugeriu que se divorciassem para poderem se casar. Ironicamente, a intensidade dessa mulher fez com que Brad considerasse seu casamento um porto seguro que o resguardava. Pouco depois da sugestão de divórcio, o caso acabou.

Apesar de falar do alívio que lhe dava a idéia da separação de sua terceira mulher, quando ela realmente aconteceu, Brad disse que ficou arrasado.

"Depois de 12 anos, meu comportamento desgastou excessivamente o relacionamento. Minha mulher acabou se interessando por outro homem e pediu o divórcio. Caí numa depressão profunda. Foi incrível, considerando as circunstâncias. Supliquei que reconsiderasse, mas ela não voltou atrás. Na ocasião eu a culpei por tudo. Agora reconheço que ela agiu de forma justificável, em sua própria defesa. Tenho um grande respeito por essa mulher que foi boa demais para mim."

Depois que seu terceiro casamento terminou, Brad, que também muda freqüentemente de carreira, foi trabalhar em outra cidade. Lá conheceu uma mulher com quem teve um relacionamento de cinco anos. Mais uma vez foi infiel, embora afirme que a mulher era "perfeita".

Quando completaram dois anos de namoro, eles fizeram planos de morar juntos. Ela se mudou para o apartamento que escolheram, mas, quando chegou a hora de Brad fazer o mesmo, ele voltou atrás. Não atendeu o telefone por vários dias antes de finalmente confrontar a mulher e dizer-lhe que não poderia cumprir com o combinado. Brad nunca conseguiu desistir de seu próprio espaço, embora tenha passado praticamente todas as noites com ela no apartamento.

"Depois de muitos anos nessa situação, falei em casamento, um erro definitivo, já que ela nunca mencionara isso antes. Mas, assim que falei nisso ela ficou ansiosa para formalizar nossa relação e lançou um ultimato – casamento ou o fim."

Brad escolheu o fim e terminou a relação. Pouco tempo depois, começou um caso com outra mulher. E, dessa vez, casou-se de novo. O casamento durou pouco e ele o descreve como "muito tumultuado".

Foi interessante entrevistar Brad porque ele estava ansioso para falar sobre sua fobia a compromisso. Ele ficava muito perturbado com seu comportamento com as mulheres, e tinha medo de nunca conseguir mudar.

"Tenho usado todo tipo de desculpa para fugir das mulheres. Lembro-me de uma vez em que estava muito apaixonado por uma mulher e dizia para ela: 'Vamos nos casar... precisamos ficar juntos.' E a mulher respondia: 'Temos muitos problemas... temos muitas coisas para superar.' E eu insistia: 'O amor supera tudo.' Até que ela começou a acreditar no que eu dizia e um dia me falou: 'Talvez você tenha razão.' Comecei imediatamente a ficar preocupado. 'Meu Deus', pensei, 'eu sou um idiota... por que fui dizer isso? Por que tinha que estragar tudo?'"

Brad é outro exemplo de um homem que, apesar de fóbico a compromissos, é um pai devotado.

"Aprendi como comprometer-me com meus filhos. Talvez porque a sociedade censure mais um homem que trata mal os filhos do que um homem que trata mal a mulher. Não há dúvida de que a vergonha de ser um mau pai seria maior do que a de ser um mau marido. Seja qual for a razão, sou um pai responsável."

Parte II

Seu relacionamento:
o que a mulher inteligente pode fazer

Capítulo 7

Compreendendo o que é fobia a compromisso

O que a mulher inteligente pode fazer

Agora que você já sabe por que certos homens não conseguem amar, o que pode fazer a respeito, se é que existe alguma coisa que você possa fazer? Objetivo deste livro é mostrar justamente isso. Alguns homens têm tamanha fobia a compromisso que, mesmo que suas parceiras estivessem do outro lado do oceano, eles se sentiriam aprisionados. A maioria deles nunca será capaz de amar, e a coisa mais inteligente que você pode fazer é identificar o problema e se afastar – antes que ele o faça. Ao terminar de ler esta parte do livro, você terá o conhecimento necessário para reconhecer os piores casos de fobia a compromisso.

Mas nem todos os homens são tão problemáticos. A maioria é capaz de amar e de assumir um compromisso. Porém, preste atenção: um compromisso pode tomar muitos rumos – tanto bons quanto maus –, dependendo de como a mulher cuida de si mesma e de como se relaciona com o homem.

Se você está envolvida com um homem fóbico, provavelmente percebe que uma parte dele deseja ser capaz de amar. Contudo, a outra parte quer fugir. Você terá que enfrentar uma situação desafiante. Por isso, se não deseja ser mais um número nas estatísticas da fobia a compromisso, cabe a você estabelecer as regras que funcionarão como base para o sucesso.

Até aqui, este livro tratou do que um homem com fobia a compromisso faz em um relacionamento. Agora chegou a vez de falar sobre você, a mulher que o atraiu.

Identificando a mulher que se envolve com um homem que tem fobia a compromisso

Se você atualmente está envolvida com um homem que tem fobia a compromisso, ou se já esteve antes, provavelmente possui algumas características que esses homens consideram atraentes. Esses aspectos de caráter e personalidade ajudam a explicar como esses relacionamentos começam e por que muitas vezes terminam tão mal.

Quando conhece você, o homem com fobia a compromisso se empolga. Tudo ganha uma dimensão maior, uma sensação de urgência. Ele quer você. Então ele liga, escreve, interrompe atividades para encontrá-la e geralmente se empenha ao máximo para fazê-la se interessar por ele.

Um homem assim, no início, parece extremamente romântico. Na realidade, ele não faz idéia do que quer, e não tem noção de como seu comportamento pode ser interpretado. Provavelmente tem uma história pouco confiável em matéria de relacionamentos. A maior parte de seu comportamento se deve à fobia a compromisso, porém, como se sente desconfortável toda vez que pensa no assunto, ele prefere não pensar.

Você, por outro lado, deve ser uma pessoa confiável. Orgulha-se do fato de as pessoas poderem contar com você. Essencialmente, faz o que diz que vai fazer. Conseqüentemente, pensa com muito cuidado antes de se comprometer. Se você se aproximasse de alguém do modo como ele se aproximou de você, isso significaria que estaria disposta a fazer todo o possível para tentar desenvolver um relacionamento real e duradouro.

Portanto, como cumpre o que promete, no começo você não promete muito. Precisa estar convencida de que os sentimentos do homem são sinceros antes de reagir favoravelmente. Essa necessidade de se garantir é sensata e serve para a sua própria proteção. O problema é que você usa os critérios errados para julgar o que *ele* diz que sente a seu respeito. Você interpreta os sentimentos dele da mesma forma que interpreta os seus. Acha que ele pensa da mesma forma que você, imagina que ele tem objetivos iguais aos seus e a mesma integridade emocional. Mas está completamente enganada! Ele é um homem em conflito. Quer o amor, mas, quando pensa no compromisso real que o amor traz, é esmagado pela ansiedade.

Identificando o relacionamento com um homem que tem fobia a compromisso

Nesta parte do livro, dividi o típico relacionamento com um homem que tem fobia a compromisso em fases. Em cada fase há uma série de passos prontamente identificáveis, expostos da seguinte maneira: em primeiro lugar, há uma descrição do que o homem faz. Em segundo, uma descrição de como a mulher geralmente reage. Em terceiro, vem uma explanação sobre o que o homem com fobia a compromisso pensa e sente. Em quarto e último lugar, há uma discussão sobre o que uma mulher inteligente deve e pode fazer para evitar que o relacionamento caminhe para o esquecimento.

Ao ler o que vem a seguir, tenha em mente que nem todos os homens seguem cada um desses passos. Além disso, em alguns relacionamentos curtos e intensos o homem com fobia a compromisso pode entrar em pânico prematuramente. Quando isso acontece, ele pode ir direto ao amargo fim. Mas, na maioria dos relacionamentos, estes são os passos clássicos.

Como usar esta seção

Esta seção foi planejada para ajudá-la a:

1. Identificar o homem com fobia a compromisso antes de se envolver com ele.
2. Perceber como, no começo do relacionamento, as mulheres costumam não se proteger, preparando assim as condições para um grande estrago emocional mais tarde.
3. Verificar que certos padrões de comportamento – como estabelecer limites, culpar-se, enviar mensagens confusas – são indicações quase universais de um problema de fobia a compromissos em geral, e não exclusivamente relacionado a você.
4. Entender por que reações típicas como "cobri-lo de amor" ou "apelar para seu melhor lado" apenas agravam o problema.
5. Reconhecer a linguagem de sinais que ele usa para dizer a uma mulher que deseja terminar.
6. Enxergar o verdadeiro significado – tanto positivo quanto negativo – que está por trás da conversa fóbica.
7. Aprender a ver uma situação de "perda" tal como ela é, e a sair de um relacionamento com o mínimo de dano emocional possível.
8. Ver os homens com fobia a compromisso tal como são – e não do modo como você gostaria que fossem.
9. Saber como, desde o começo, você pode estruturar a relação para minimizar as tendências fóbicas e maximizar as chances de o relacionamento ter um crescimento saudável.

Capítulo 8

O começo do relacionamento com um homem que tem fobia a compromisso

O começo

Não há dúvida: no começo, o homem com fobia a compromisso é completamente ardente e romântico. O que a mulher deve lembrar é que ele não tem noção prática do que diz ou faz. Tudo o que ele deseja é levá-la a envolver-se com ele o mais rápido possível. Como ele não pensa a longo prazo, não tem razão para ser cuidadoso. Fala da forma mais romântica, compra os melhores presentes, faz o possível para que você o ame, sem medir as conseqüências. A fixação em você é tão grande que fica difícil acreditar que ele possa mudar. Mas se é um verdadeiro homem com fobia a compromisso, e se a relação se desenvolver muito rápido, ele provavelmente entrará em pânico.

O que a mulher deve fazer no começo é manter os pés no chão e ir devagar com a relação. Antes de se envolver mais profundamente, você deve usar seu autocontrole para determinar o ritmo e o tom do relacionamento. Resista ao clima excessivamente romântico que ele se empenha em criar. E lembre-se:

- O começo pode durar uma hora, uma semana, um mês ou um ano; tudo depende do tempo que você leva para reagir.

• Se você se descontrolar muito rapidamente, ele fi rizado com o nível de comprometimento que você

• Determine o ritmo e vá devagar.

O padrão típico

1. Ele investe pesadamente e parece estar mais interessado em você do que você nele.

Uma típica reação sua:

Quando você o encontra pela primeira vez, talvez não se interesse por ele. Aliás, pode estar bem desinteressada. A maioria das mulheres com quem conversei explicou que no começo achava que o homem era muito "diferente" dela em termos de interesses e estilo de vida. A reação típica de uma mulher: "Não conseguia entender por que ele sentia tanta atração por mim. No começo, achava que ele estava enganado. Mas ele de fato me fez sentir desejada."

Os planos dele:

O homem com fobia a compromisso enfrenta todos os obstáculos para correr atrás de você, porque só está pensando no hoje, não no amanhã. Ele não está preocupado com as conseqüências a longo prazo do que diz ou faz. Só deseja uma coisa: que você reaja a ele. Uma das maneiras mais óbvias de reagir é com o sexo. Um homem sabe que, quando uma mulher concorda em ir para a cama com ele, geralmente isso significa uma grande aceitação por parte dela. Ele deseja essa aceitação.

A reação inteligente:

Quanto mais ele der em cima, mais cética você deve ser.

Quando um homem é imediatamente conquistado por você,

um alarme deve soar em sua cabeça. Eis o que o alarme diz: esse homem reage mais à fantasia do que à realidade.

A menos que você tenha cuidado, irá deixar-se seduzir. No entanto, ele sabe muito pouco a seu respeito para ficar tão transtornado. Em vez de se sentir lisonjeada, fique atenta. Observe tudo o que ele faz ou diz, assim como tudo o que não faz e não diz.

Ouça sua intuição e não a conversa de vendedor dele, e não se deixe levar para o mundo da fantasia. Além disso:

- Não vá logo para a cama só porque ele parece desejá-la demais.
- Não pense que o desejo intenso dele é sinônimo de uma paixão alucinante.
- Não vá logo para a cama por se sentir obrigada ou culpada por causa do dinheiro, tempo ou energia que ele já gastou.
- E, *sobretudo*, não vá logo para a cama pensando que, quando transarem, a relação irá se estabilizar.

Mesmo que ele a esteja pressionando para uma aproximação maior, mantenha uma distância prudente. Use o máximo de sua intuição para avaliar o caráter dele – e não aquilo que ele diz sobre si mesmo. Quanto mais ele a pressionar, mais você deverá diminuir o ritmo. Se ele ficar impaciente e for embora, não sofra. Ele teria feito isso de qualquer forma mais tarde, causando problemas bem maiores.

Uma possibilidade a considerar: será que no começo ele está tão interessado em você exatamente porque você não está tão interessada nele?

2. Em pouco tempo ele diz que acha você "especial" e perfeita.

Uma típica reação sua:

Ele a faz se sentir totalmente aceita, e essa é uma sensação maravilhosa. Você acha que com ele pode relaxar, ser autêntica. O fato de ele parecer gostar tão irrestritamente de você é extremamente sedutor. A reação típica de uma mulher: "Assim que o conheci, percebi seus defeitos, mas ele gostava tanto de mim que não pude resistir. Afinal, o que poderia haver de negativo em estar com alguém que simplesmente me adora?"

Os planos dele:

Para um homem assim, "especial" e "para sempre" são duas coisas muito diferentes. Ele certamente acha que você é especial e deseja que você pense o mesmo a respeito dele. Mas isso não significa que ele esteja pensando em nada para muito além da manhã do dia seguinte.

A reação inteligente:

O fato de ele não parecer ter reservas em relação a você não significa que você não deva ter algumas em relação a ele.

Procure descobrir logo no início o máximo possível sobre ele: seus relacionamentos anteriores, o relacionamento dele com a família, etc. Sua aceitação deve basear-se no tipo de homem que ele é, e não na habilidade dele em manipular o seu ego.

Se no início ele lhe causou desconfiança, leve isso em consideração antes de dar um passo adiante.

3. Ele tem um histórico conturbado com mulheres, mas a faz acreditar que com você será diferente.

Uma típica reação sua:

Quando ele fala sobre seus relacionamentos anteriores que não deram certo, você sente pena dele, achando que havia alguma coisa errada com as outras mulheres de sua vida. Talvez elas não o amassem o suficiente. Talvez ele não gostasse tanto delas quanto gosta de você. Talvez fossem difíceis e exigentes. Você acredita que dessa vez será diferente, porque vocês dois são capazes de compartilhar algo especial.

Os planos dele:

Falar sobre problemas nos relacionamentos anteriores é uma forma sutil de avisar você que não eleve demais suas expectativas. Mas como ele também não quer que você vá embora, dá a entender que no seu caso pode ser diferente. Ele é tão inconsciente da própria fobia que realmente acredita no que diz.

A reação inteligente:

- Se alguma vez ele já tratou mal uma mulher, não pense que com você será diferente.
- Se ele culpa totalmente suas parceiras por seus problemas passados, fique cética.
- Se ele se diz responsável pelos seus problemas passados, está dizendo a verdade. Nesse caso, é provável que repita o mesmo comportamento com você.

A história dele é a informação mais importante que você possui. Só porque, a essa altura, ele age como se fosse ser sempre seu melhor amigo e seu maior apoio, não confie nele até conhecê-lo o suficiente para ter certeza absoluta de que ele é capaz de manter um relacionamento a longo prazo.

4. Ele faz tudo o que pode para impressioná-la: se tem dinheiro, gasta; se tem algum talento especial, o exibe; se tem "sensibilidade" ou "profundidade emocional", as revela.

Uma típica reação sua:

É maravilhoso ter alguém que a trata como uma pessoa tão especial. Você se comove com o esforço que ele está fazendo para impressioná-la. Acha que não é possível um homem gastar tanto tempo e energia para conquistar uma mulher a não ser que a queira "para sempre", ou quase isso.

Os planos dele:

Certamente, ele está tentando fazer com que você goste dele, mas não está pensando no futuro. Só se interessa pelo momento presente. Se ele for rico, você provavelmente ganhará presentes e jantares caros. Se não for, ele lhe confiará pequenos pedaços de sua alma em parcelas cuidadosamente planejadas. Se tiver talentos que possam impressioná-la, ele os exibirá. Sejam quais forem as estratégias dele, é muito possível que sejam bem planejadas e já tenham funcionado antes.

Os homens sabem muito bem o que estão fazendo e percebem quando estão perto de "fechar o negócio". A conversa, a conquista, os jantares, o romance – tudo faz parte de sua filosofia do aqui e agora. Eles não hesitam em compartilhar intimidades com uma estranha porque seu único objetivo é tentar fazer com que você goste dele.

A reação inteligente:

Esse homem não pensa do mesmo jeito que você. "Especial" aqui não significa especial para sempre – pelo menos não para ele. Aproveite os jantares, a diversão, mas entenda a situação tal como ela é, e não como você gostaria que fosse. Não facilite as coisas para ele, e deixe isso bem claro! O cuidado é a melhor estratégia.

Antes de se comprometer, procure obter uma visão mais realista desse homem. Apresente-o a seus amigos. Conheça os amigos dele e avalie como ele se comporta com eles e em ocasiões sociais. Certifique-se de que há espaço para você no mundo dele e de que ele não está escondendo nada. Se ele age como se quisesse excluí-la ou mantê-la separada do restante de sua vida, é melhor saber disso agora.

É fácil deixar-se levar pelo jeito conquistador de um homem assim, mas não permita que isso aconteça. Se for um amor verdadeiro, haverá muito mais romance mais tarde – para o resto da vida, aliás. *Certifique-se de que você está mantendo um pé no freio dele e outro no seu.*

5. Ele parece vulnerável e age como se precisasse mais do relacionamento do que você.

Uma típica reação sua:

Ele parece tão carente que você sente muita pena. Ele lhe dá a impressão de confiar mais em você do que nos outros. Você valoriza essa confiança. A disposição dele em expor a própria vulnerabilidade faz com que você ache que não há risco em expor a sua.

Os planos dele:

Ele é carente. Mas logo no começo da relação, antes de a mulher querer um compromisso, ele se sente seguro e todas as suas necessidades emocionais vão por água abaixo.

A reação inteligente:

Saiba que a vulnerabilidade dele é enganosa e sua disposição para expô-la com tanta rapidez é suspeita. Preste bem atenção. Se a versão dele a respeito da própria vida parece sempre favorecê-lo, tome cuidado. O fato de ser tão sensível aos próprios problemas não significa que será sensível aos seus. Não espere que ele seja igualmente solidário com você. Proteja-se. Se ele não conquistou sua confiança, não a dê de graça.

Ainda mais importante: procure estabelecer o equilíbrio no relacionamento. Não deixe que ele ocupe sempre o lugar da pobre vítima e você, o da pessoa que dá apoio. Não assuma a responsabilidade pelo bem-estar dele. Não seja tão rápida em criar laços. E não sinta dó dele.

6. Ele dá a entender, com palavras e ações, que está procurando um relacionamento monogâmico, profundo, e não apenas um caso.

Uma típica reação sua:

Você fica feliz por encontrar alguém com valores tão sólidos. Tudo o que ele diz indica que, assim que encontrar a mulher certa, ele estará pronto para assumir um relacionamento sério. E, a julgar pelo modo como ele a trata, parece igualmente correto pensar que, desde que não faça nada de errado, você pode ser essa mulher.

Os planos dele:

Ele não está tentando enganá-la. Ele realmente diz o que pensa. Se é um homem com fobia a compromisso, provavelmente nunca teve um bom relacionamento e é por isso que deseja tanto um. Mas isso não significa que ele seja capaz de desenvolver uma relação estável. Mais uma vez, ele está expressando um desejo fantasioso. Não está fazendo promessas. Não passa pela cabeça dele que alguém possa esperar que ele comece imediatamente a agir de acordo com suas palavras. Ele pode estar pensando em ter um relacionamento assim em algum momento no futuro.

Mesmo não querendo assumir todas as obrigações de um compromisso, ele deseja ter os benefícios que um bom relacionamento traz, inclusive a certeza de que a mulher estará disponível sempre que ele precisar dela.

A reação inteligente:

Saiba que ele não pensa da mesma maneira que você. Antes de dizer coisas sérias, você mede suas palavras cuidadosamente. Não acredite que ele está fazendo a mesma coisa.

Não permita que as palavras dele a encorajem a começar a pensar em constituir uma família e um relacionamento de longo prazo. Baixe o nível de ansiedade para não se deixar levar pela conversa dele. Pense nisso! Um homem realmente interessado num compromisso provavelmente não começaria a falar sobre isso tão cedo e, se começasse, não seria de uma forma geral, e sim específica. Não pense que, pelo fato de demonstrar valores tradicionais, ele valorizará uma mulher que tem todas as qualidades de uma companheira perfeita. *Sobretudo* não comece a tentar se tornar a mulher/esposa/mãe perfeita num esforço para convencê-lo de que você é a companheira que ele está buscando.

Esse é o momento para lembrar que você é uma mulher inteligente, independente, emocionalmente segura, que deve afirmar a própria identidade. Pense objetivamente sobre o que você *realmente* deseja num relacionamento sério a longo prazo. Você tem certeza de que esse homem é capaz de se envolver dessa forma, mesmo se quisesse? Em outras palavras, está se deixando cegar pelo intenso interesse que ele demonstra por você?

7. Ele está disposto a deixar tudo para trás para ficar com você, a abandonar outros planos, a percorrer grandes distâncias, etc.

Uma típica reação sua:

Uau! Ele faz qualquer coisa para lhe agradar: dirige 150km toda noite, conserta o teto da sua cozinha, e por aí afora. Parece que está se candidatando ao papel de seu marido.

Os planos dele:

Ele está obcecado, saiu à caça, a adrenalina está a mil. Parte disso é pura manipulação. Ele está verdadeiramente empolgado com o relacionamento, porém, pensa apenas no hoje, não pensa em como você interpreta seus gestos.

A reação inteligente:

Examine-o com atenção. Ele é assim com os pais? Com os amigos? Com as pessoas em geral? O comportamento é um reflexo de seu caráter ou é apenas algo que ele está fazendo agora para seduzi-la? Entenda que um homem que tem uma noção equilibrada de prioridades não deveria se dispor a deixar tudo por uma mulher no início do relacionamento. Depois de seis meses, até pode ser, mas tão cedo pode indicar uma prova a mais da natureza irrealista do interesse dele por você.

Deixe-o pintar seu apartamento e dirigir grandes distâncias só para vê-la. Mas não pense que isso é sinal de compromisso e de que ele agirá como seu marido.

Mais importante ainda: não comece a agir como esposa, por achar que é isso o que ele quer de você.

E, se você ainda não transou com ele, não o faça só porque ele limpou sua garagem, consertou seu carro ou levou seu cachorro ao veterinário.

8. Ele telefona a todo momento, muitas vezes "só para dizer oi" ou "apenas para ouvir sua voz".

Uma típica reação sua:

Ele parece precisar sempre saber que você está disponível para ele. E você fica mesmo disponível, e tende a mudar seus programas só para garantir que ele a encontre. A "necessidade" dele faz você acreditar que também pode contar com ele, se um dia precisar.

Os planos dele:

Ele está pensando em você o tempo todo, mesmo que de forma pouco realista, e liga porque deseja certificar-se de que você está sempre disponível para ele. Mas não passa pela cabeça desse homem que você possa contar da mesma forma com ele.

A reação inteligente:

Esses homens têm um poderoso instrumento condicionador de reflexos: os telefones. Nenhuma mulher se sente à vontade para ligar tantas vezes quanto um homem. Por isso essa é uma área em que uma mulher pode ser facilmente manipulada. Faça o possível para evitar que ele a "condicione" com o telefone.

Não crie o hábito de parar tudo para atender as ligações dele, e não sofra por perder uma chamada. Não deixe sempre uma mensagem dizendo onde está. Não se preocupe pensando que ele vai ficar inseguro se não conseguir achá-la em casa. Não fique eternamente com ele ao telefone. Não perca seu programa de televisão favorito nem deixe de sair com seus amigos. Você vai precisar deles quando ficar sozinha.

E, *sobretudo*, não pense – mesmo que ele ligue cinco vezes ao dia – que ele deseja falar com você "para sempre".

9. Ele fala abertamente no "futuro", tecendo planos sobre coisas que vocês farão juntos. Ele pode até se referir a vocês dois como "nós".

Uma típica reação sua:

É maravilhoso conhecer um homem que não tem medo de planejar o futuro. Você imagina que ele age assim porque quer que você se sinta tão segura no relacionamento quanto ele gostaria de se sentir. Uma reação muito comum: "Logo no começo ele me disse que eu ia gostar da casa de praia da família dele. Isso me fez pensar que ele tinha planos de ficarmos juntos por muito tempo... acho que comecei a contar com isso."

Os planos dele:

O conceito dele de futuro é diferente do seu. A essa altura, ele está pensando em todos os momentos "perfeitos" que ele gostaria de passar com você, sem considerar as etapas necessárias para chegar a esses momentos especiais. Ele não acha que está prometendo nada e ficaria chocado se você cobrasse algo dele no futuro. Há também um pouco de manipulação aqui. Ele sabe que uma mulher reagirá positivamente a esse tipo de conversa e que pensará que seu interesse é sincero. Mesmo sendo uma armação, ele acredita que está sendo sincero e não percebe a contradição.

A reação inteligente:

Não deixe a conversa dele sobre o futuro fazer você pensar que está num relacionamento duradouro e estável. Não vá agir como esposa e fechar os olhos para os defeitos dele. Não comece a planejar jantares especiais com ele e os amigos.

Já que as referências dele ao futuro levam você a pensar que ele está tentando fazê-la se sentir segura, a tendência é passar mais tempo garantindo que ele se sinta seguro e confortável no relacionamento. Trata-se de um grande erro. O "nós" dele não significa a mesma coisa que o seu.

Não perca mais seu precioso tempo com esse homem. Muitas mulheres inteligentes perderam anos esperando homens assim se decidirem. Quando um homem começa a recuar gradualmente, a mulher muitas vezes fica paralisada pelo fato de sentir-se impotente no relacionamento que está se desfazendo ao redor dela. Essa paralisia pode afetar tudo o que ela faz. Não é hora de desistir da sua vida. Force-se a sair, a fazer novos planos, a ter outros relacionamentos.

10. Ele age como se você fosse prioridade na vida dele.

Uma típica reação sua:

Você o vê como prioridade em sua vida. Ele vem em primeiro lugar – sem sombra de dúvida.

Os planos dele:

Ele não pensa em critérios como "prioridade". Está simplesmente agindo por impulso, sem pensar em como você interpretará suas ações.

A reação inteligente:

Você deve ser a prioridade número um em *sua* própria vida. Outras prioridades incluem *sua* família, *seus* filhos (se você os tiver), *seus* amigos, *seus* gatos, cachorros e todas as outras coisas e pessoas que você conquistou no decorrer da vida. Nessa fase do relacionamento, não torne esse homem mais importante do que tudo o mais – e, sobretudo, não deixe que ele seja mais importante do que você!

11. Ele parece sensível a questões femininas e critica os homens que são insensíveis e agressivos com as mulheres.

Uma típica reação sua:

Você fica muito impressionada. Esse homem parece tão sensível e acolhedor! É fácil concluir que ele nunca é egoísta ou agressivo com as mulheres. Ele condena com tanta veemência os homens que agem assim que você tem certeza de que ele nunca fará o mesmo.

Os planos dele:

Essa é quase uma forma de fazê-lo se sentir melhor com ele mesmo. Esse homem sabe que a está enganando e precisa ficar repetindo para si mesmo – e para você – que é melhor do que os outros homens. Ele pensa que está em sintonia com as necessidades das mulheres e não acha que está usando você só para o sexo. Em resumo, ele quer acreditar que é um cara legal.

A reação inteligente:

Um homem que feriu uma mulher no passado é mais sensível e defensivo a esse respeito. Está pronto para ser mais crítico do comportamento de outros homens do que um marido alienado para quem esses problemas não existem.

Considere a possibilidade de que ele esteja dizendo isso para se proteger, e que sua "sensibilidade" para com as mulheres seja somente um meio de mascarar sua história duvidosa e suas intenções questionáveis. Fique atenta.

12. Ele faz de tudo para que você confie nele – e você acaba confiando.

Uma típica reação sua:

Como poderia não confiar nele? Ele diz tudo o que você quer ouvir. Além disso, é óbvio que ele confia em você! Quando você se refere a confiança, pensa em termos de amigo/namorado, mas ele pode estar pensando em algo diferente.

Os planos dele:

É bastante provável que o conceito dele de confiança seja diferente do seu. O que muitos homens realmente querem dizer quando falam que as mulheres podem confiar neles é que não as estão usando apenas para o sexo. (Essa estratégia é tão boba e infantil que a maioria das mulheres não chega a percebê-la.)

A reação inteligente:

Certifique-se de que vocês dois estão falando a mesma língua e peça que ele esclareça os termos que usa. Confiança para ele normalmente tem uma conotação temporária. A confiança de que ele fala é a longo prazo? E, quando ele se refere a longo prazo, quer dizer duas semanas ou para sempre?

Até avançar no relacionamento, confie em você mesma, confie em *sua* intuição, e guarde aquela confiança especial até que ele a tenha de fato merecido.

13. Ele a convence a assumir um compromisso (emocional e/ou sexual).

Uma típica reação sua:

Certo, você foi conquistada. Se a questão for sexo, você está pronta para dizer sim. Se ele deseja exclusividade, você é só dele. Se quer se mudar para a sua casa, ficar noivo ou casar, você concorda. Sua última resistência acabou e você está pronta para assumir, seja qual for, o compromisso que ele deseja.

Você pensou nisso com cuidado e tem consciência do que está fazendo. Sabe o que significa compromisso e sabe o que significa aceitar outro ser humano e construir uma relação. Você acredita que ele também pensou nisso tudo. Em outras palavras, você acredita que ele pensa como você e sabe o que você sabe.

Você está satisfeita porque acha que está dando uma alegria a ele. Você leva adiante o que *ele* deseja, concluindo que aí começa a melhor parte do relacionamento. Não passa pela sua cabeça que este pode ser o começo do fim.

Os planos dele:

A fantasia dele está completa. Agora ele tem que lidar com a realidade. Não tem idéia da importância que você está dando ao compromisso assumido com ele. Esse homem empenhou-se até chegar a esse ponto. Agora que conseguiu o compromisso, não sabe o que fazer com ele. Vai se sentir feliz por muito pouco tempo. Então vai se dar conta do que fez. A não ser que esteja preparado para seguir em frente, vai começar a querer voltar atrás.

A reação inteligente:

Esse é um momento muito delicado no relacionamento. Se ele não deu nenhuma indicação de que compreende a extensão e o peso do que lhe pediu, não pule de cabeça primeiro.

Você não tem que provar nada a ele. Você sabe o que significa assumir um compromisso. Não cometa o erro de achar que ele teve a mesma cautela com as palavras e ações que você teve com as suas.

Se você ainda não transou com ele e está prestes a fazer isso, certifique-se – antes – de que o ato sexual significa para ele o mesmo que para você. Ainda que o empenho dele a tenha convencido de que tem um lugar na vida dele, não comece a agir com a lealdade e a devoção de uma esposa. Se ele diz que também está preparado para se comprometer, ambos devem saber precisamente o que isso significa.

Se há áreas obscuras na vida desse homem, ou na forma como ele reage, não siga adiante com um comprometimento maior – como casamento ou morar juntos. Se, no momento em que firmou seu compromisso, você sentiu uma hesitação ou dúvida da parte dele, não siga em frente até estar absolutamente certa de que ele sabe o que está fazendo e consegue lidar com isso.

Assumir um compromisso de qualquer tipo é um movimento que deve ser feito cem por cento das duas partes. Os dois devem saber exatamente o que estão fazendo, com quem estão fazendo e o que isso significa.

E, mesmo que ele atenda a todos esses requisitos e você esteja pronta para parar de ler este livro por aqui, lembre-se: mantenha sempre sua independência, uma consciência nítida do seu próprio ser e uma preocupação saudável com as suas próprias necessidades.

Capítulo 9

O meio do relacionamento com um homem que tem fobia a compromisso

O meio

O meio do relacionamento começa quando o homem com fobia a compromisso acorda da fantasia do "aqui e agora" e percebe que você não somente o deseja, como também provavelmente já está pensando a longo prazo.

No começo, ele estava completamente voltado a convencer você de que merecia sua aceitação, sua atenção e, até mesmo, sua alma. Agora ele já a conquistou e está imaginando o que isso significa. Ele sabe que é desejado e se sente seguro em relação a isso. Mas, infelizmente, para esse tipo de homem, sentir-se seguro é sinônimo de sentir-se acorrentado. E sentir-se acorrentado é o mesmo que sentir-se ansioso, quando não beirando a síndrome do pânico.

Em outras palavras, a aceitação da mulher leva a relação a um outro nível. Onde antes havia incerteza e insegurança agora reinam a confiança e a segurança – segurança suficiente, inclusive, para ele começar a avaliar a mulher e a questionar se quer ou não um relacionamento a longo prazo. A idéia de compromisso é assustadora, e o homem não tem certeza se conseguirá dar conta disso.

Com essa idéia em mente, ele começa a regredir no relacionamento, em vez de avançar, usando um dos seguintes métodos ou ambos:

- *Impor limites:* Nada tem mais eficácia em impedir o crescimento de um relacionamento do que a imposição de limites artificiais, e o homem com fobia a compromisso sabe muito bem disso. Os limites não só impedem o crescimento da relação como enlouquecem as mulheres. O que alguns homens fazem é comunicar à mulher, independentemente do tempo da relação ou do nível de envolvimento entre o casal, que ela não estará incluída nos planos para os feriados, as férias, os eventos familiares, etc. Outros passam seu recado ao limitar o tempo que despendem ao lado dela.
- *Procurar defeitos:* Em vez de desfrutar o relacionamento e deixar o amor crescer, ele começa a criticar todos os aspectos da relação e da mulher. Depois da fase de idolatria, ele coloca uma lente de aumento sobre todo e qualquer defeito da mulher, sejam os conjunturais – o lugar onde ela mora ou a atual condição financeira dela – ou os estruturais – aqueles que ela não pode mudar.

Por mais estranho que pareça, se o relacionamento atingiu o nível da caça aos defeitos, é porque o homem já está envolvido com a mulher. Ele gosta dela, sente atração por ela e provavelmente a ama. A idéia de perdê-la o deixa desesperado. Mas quando sente a possibilidade de compromisso cada vez mais próxima, o homem fóbico começa a ressentir-se com a mulher que está provocando nele todos esses sentimentos intensos.

Chega a hora em que ele se encontra inteiramente em conflito e passa a testar os próprios sentimentos. Quando ele avança, a ansiedade toma conta de tudo, então ele recua. Nas primeiras vezes em que recua, sente *certo* alívio em se retirar da situação que lhe provocou tamanha ansiedade, mas o sentimento predominante é o medo de perder a mulher. Então ele se aproxima novamente. Mas, a cada reaproximação, crescem as expectativas da mulher em relação ao compromisso. Ao tomar consciência disso, o terror começa a se intensificar. O homem sabe que, a não ser que um milagre ocorra, ele nunca conseguirá se comprometer. Mas quer a garantia de não ter de abandonar o relacionamento antes de estar pronto para isso. Então continua recuando cada vez mais. Chega um momento em que o sentimento de alívio ao evitar o compromisso é maior do que o sentimento de perda.

Na cabeça do homem, o pânico criado pelo compromisso supera qualquer lealdade ou sinceridade em relação à mulher. Ele pode ter consciência da culpa por alimentar as esperanças dela, mas tende a ignorar isso. Basicamente, ele imagina que a mulher o está acorrentando e que, por mais que ele goste dela, ou até a ame, sente-se como um animal acuado. O que o move é a vontade de escapar.

Você, a mulher, tem uma leitura completamente diferente desse estágio do relacionamento. A essa altura, você está completamente apaixonada... finalmente! Enquanto ele está colocando uma lente de aumento em todos os seus defeitos, você se preocupa em anular os dele. Um exemplo típico: "Ele não é tão inteligente como eu gostaria que fosse, é um pouco gordo, meio careca, não tem tanto dinheiro quanto o Fred, mas me ama de verdade, e isso vale mais do que qualquer coisa."

Esse momento assinala uma mudança importante na estrutura de poder do relacionamento. Você parou com os seus questionamentos e ele começou com os dele. Você acha que sua aceitação incondicional o deixa seguro, mas não é bem assim – ele está se sentindo aprisionado.

Qualquer mulher que chega a essa etapa enfrenta um grande problema: ela se relaciona com o homem que tem fobia a compromisso como se ele ainda estivesse correndo atrás dela.

Ela não esperava uma mudança no comportamento dele. Ela tomou consciência de todas as coisas que ele fez para deixá-la segura e feliz e supõe que ele continuará fazendo. Então ela se comporta como se ele estivesse agindo da mesma forma – ainda que ele já tenha mudado.

Mesmo quando ele se comporta de maneira completamente destrutiva, há uma tendência por parte das mulheres de esperar que os sentimentos expressos no começo surjam novamente e que tudo volte ao normal. Independentemente de quão destrutivo, danoso e puramente malvado o homem se torne para se convencer – e convencer a mulher – de que não está aprisionado, a maioria delas simplesmente prefere ignorar o que vem acontecendo.

A primeira reação da mulher é expressar sua angústia de forma não ameaçadora. Afinal de contas, ela não está convencida de que há alguma coisa errada, e tem certeza de que, assim que expressar seus sentimentos, o problema será resolvido e tudo voltará ao normal. À medida que o tempo passa e o pessimismo dele avança, as insatisfações da mulher aumentam e ela verbaliza seus sentimentos. As discussões ficam cada vez mais acaloradas. Ela acha que só está tentando esclarecer as coisas; ele acha que a pressão dela sobre ele está chegando ao limite.

O homem com fobia a compromisso não ajuda a mulher a lidar com a realidade. Pelo contrário, independentemente de quanto o relacionamento esteja claro em sua mente, ele continuará mandando mensagens enviesadas, que a deixam completamente confusa. Por exemplo, mesmo que já tenha começado a sair com outra mulher, ele pode continuar ligando e dando desculpas, como hora extra no trabalho, problemas familiares ou cansaço, que ela pode acabar aceitando. Acredite ou não, ele acha que está sendo transparente com esses recados. Por exemplo, ao impor limites e recuar, ele acredita que está comunicando claramente à mulher que não está interessado em compromisso. Ao insistir em declarar seu amor e a repetir que não quer perdê-la, ele acha que está evidenciando seu conflito. O problema é que a mulher não sabe em qual das mensagens acreditar. Ela também faz tudo o que pode para convencê-lo de que o compromisso é a melhor opção.

Já que a mulher foi programada para se comportar de determinada maneira, ela tende a adotar um comportamento típico de esposa – quase como se quisesse provar que é "a mulher ideal". Ela tolera e se desculpa cada vez mais. Em resumo, ela tenta amar cada vez mais. Mas, cada vez que ela faz isso, ele sente como se estivesse se aproximando de uma armadilha. Por quê? Porque, independentemente do que esse homem diga, ele teme intensamente essas características maritais.

Nessa fase, a palavra-chave para o homem com fobia a compromisso é *conflito*. Para a mulher, é *confusão*. Ela não sabe o que está acontecendo e freqüentemente não consegue avaliar o comportamento dele da maneira mais apropriada. Ela confia nos laços que unem os dois e confia que o amor prevalecerá.

No meio do relacionamento, a mulher tem mais poder emocional, já que o homem desenvolveu uma ligação afetiva forte com ela. Apesar de estar em conflito, o lado negativo não supera o positivo... ainda. O oposto pode até vir a acontecer. Se uma mulher inteligente quer manter um relacionamento, e acha que vale a pena fazer o esforço, ela tem de lançar mão desse poder para levar o relacionamento de volta ao começo, onde ele poderá ser reestruturado e voltar a ser saudável. Se você quer ser bem-sucedida com um homem que tem fobia a compromisso, terá que voltar ao começo, quando ele não era tão importante na sua vida, você tinha outras ocupações e era feliz sem ele.

E não diga que um relacionamento sempre tem de avançar. Pense nele como uma planta doente. Se você deseja que ela floresça de novo, terá que cortá-la e plantá-la em outro solo. Se insistir em regá-la, ela irá se afogar.

O padrão típico

1. Ele parece estar se afastando, como se algo o estivesse assustando. Deixa de telefonar com freqüência, de ser atencioso, etc.

Uma típica reação sua:

A essa altura, você já está totalmente apaixonada, louca por ele. Não faz a menor idéia de que o conflito começa a emergir no seu ser amado. Até onde você sabe, ele a ama tanto quanto no começo. Sua expectativa, inclusive, é de que ele a ame ainda mais, já que você, de fato, sente mais amor por ele.

Completamente alheia ao fato de que houve uma mudança radical na atitude dele, você age como se ele fosse o mesmo homem de sempre, aquele que precisava do seu amor e carinho. Você está tão ocupada em lhe dar a atenção e a segurança que ele parecia precisar que nem reconhece ou avalia os primeiros sinais que indicam o recuo dele.

Se você identifica um problema, talvez o interprete da forma errada e intensifique sua dedicação, aumentando a ansiedade dele em relação ao compromisso.

Os planos dele:

Quase no mesmo momento em que a conquista, ele começa a se sentir aprisionado pela idéia de um compromisso a longo prazo. As possíveis implicações disso o aterrorizam. Ele percebe os primeiros sinais da fobia a compromisso e não gosta disso. Ele sabe que fez você aumentar suas expectativas nesse sentido, mas repentinamente não tem mais certeza se *quer* mesmo lhe proporcionar algo mais – ou se *pode* lhe proporcionar algo mais. A crescente intimidade do relacionamento passa a perturbá-lo e algo lhe diz que é melhor recuar. Agora, em vez de se preocupar em conquistá-la, ele se dá conta de que um dia pode querer justamente o oposto – se livrar de você. Ele percebe que tais pensamentos talvez soem estranhos para quem testemunhou como ele correu atrás de você no começo. Então ele passa, quase inconscientemente, a treinar você para esperar menos do que ele prometera originalmente. Ele está preparando o terreno, caso queira sair completamente da sua vida.

A reação inteligente:

Fique atenta para detectar o mais cedo possível os sinais de que ele está recuando.

Apesar de seu primeiro instinto ser de se aproximar, o mais apropriado é afastar-se. Saiba que palavras de consolo e sua aceitação não aliviarão o problema dele. Pelo contrário: podem intensificá-lo. Então não se esmere em ser extremamente amorosa, generosa, atenciosa, etc. É a reação errada.

Em vez disso, avalie o que está acontecendo e não tente se enganar. Conscientize-se de que você talvez esteja ao lado de um homem que encara uma aproximação como algo semelhante a uma armadilha. Tente se afastar para ver o que acontece. Se ele reagir de forma ciumenta, não interprete essa reação como um sinal de que ele tem planos de longo prazo para vocês dois.

Se julga que esse homem vale o esforço, tente fazer com que ele perceba – por meio de suas *ações*, e não de suas palavras – que, mesmo que ele a ame, não será sufocado por você.

Planeje atividades para realizar sozinha. Não atividades que o deixem com ciúmes, mas coisas que a ocupem e lhe dêem prazer. O importante é deixar claro que você tem vida própria e que não pensa em abrir mão dela.

Em hipótese alguma transmita a sensação de que é pegajosa. E de forma alguma conduza sua vida como um satélite dele.

2. Suas palavras e ações passam a ser cheias de mensagens ambíguas.

Uma típica reação sua:

Você ouve as mensagens que quer ouvir e não presta muita atenção nas advertências dos amigos. Você detecta um discurso negativo vindo dele, mas está tão acostumada e condicionada a aceitar tudo de forma positiva que não dá o peso devido às colocações pessimistas.

Se você é como a maioria das mulheres, está completamente condicionada a aceitar os problemas e quer desfrutar os sentimentos amorosos. Provavelmente você se agarra aos detalhes positivos e descarta todos os pontos negativos.

Nesse estágio do relacionamento, você se sente uma mulher de sorte por ter encontrado esse homem maravilhoso que gosta tanto de você. Como poderia acreditar que ele está começando a julgá-la a partir de seus defeitos?

Os planos dele:

O homem com fobia a compromisso está realmente confuso. Ele gosta de você, é bem possível que a ame. E ele não quer que você se afaste. Mas sabe que, se lhe disser o que sente, o relacionamento será destruído, e não quer que isso aconteça. Mas também não quer que você crie muitas expectativas. Então ele fica em cima do muro e suas mensagens se tornam confusas.

Você pode entender essas mensagens truncadas como uma mudança natural de comportamento, por causa de uma mudança de contexto. Por exemplo, quando vocês estão sozinhos em casa, o clima é de carinho e paixão, mas em uma atividade fora de casa, principalmente se incluir outras pessoas, ele recua, como se estivesse negando o que existe entre vocês. Para justificar esse tipo de comportamento, talvez ele alegue um exagero de sua parte.

Apesar de achá-la maravilhosa, sempre que ele pensa em algo

definitivo você automaticamente se torna menos deslumbrante. O medo terrível do compromisso o leva a catalogar todos os seus defeitos. Um inacreditável e incansável debate se aloja então na cabeça dele. A fobia a compromisso que existe dentro dele começa a levantar motivos que o fazem acreditar que você não é a mulher ideal ou que as coisas podem não dar certo entre os dois.

Em outras palavras, ele é um homem confuso, transmitindo idéias confusas.

A reação inteligente:

Tome consciência de que você está ouvindo dois tipos diferentes de mensagens. Não pode se concentrar apenas nas de amor e ignorar as outras. Entenda que na cabeça dele há um tempo de fantasia – que inclui paixão e sexo – e o tempo da realidade – as atividades do dia-a-dia que o amedrontam porque apontam para o compromisso.

Mesmo quando a mulher percebe essa diferença, a tendência dela é pensar que o aconchego da proximidade acabará vencendo. Então ela se desdobra em jantares românticos e noites em casa. Ela pensa estar reacendendo a chama da paixão quando, na verdade, está reforçando o medo.

Se isso estiver acontecendo, talvez seja a hora de avaliar a profundidade desse medo. Pergunte se ele está preocupado com a idéia de ter de assumir um compromisso. Que tal estabelecer um período em que nenhum dos dois levante a possibilidade de compromisso? Ao fim desse tempo, ambos podem avaliar o relacionamento e dizer um ao outro, de forma honesta, o que estão sentindo. Se ele tiver medo, é melhor que os dois fiquem sabendo disso. Dessa forma, ante o risco que o relacionamento está correndo, você pode tomar uma decisão saudável. Mesmo que seja dolorosa.

A verdade é a melhor forma de proteção.

3. Ele deixa claro que determinadas áreas importantes da vida dele, como amigos, família e trabalho, são "zonas proibidas" e exclui você de algumas ou da maioria delas. E costuma apresentar desculpas plausíveis ao fazer isso.

Uma típica reação sua:

É claro que você está magoada. Você se sente como uma criança excluída no recreio do colégio. Mas não sabe que atitude tomar. Você pensa que seu relacionamento é baseado em intimidade e confiança. Por isso não se sente à vontade para *exigir* que ele a inclua. Pior: você não tem certeza de que ele a incluiria. Você não consegue acreditar que esse homem seja tão cruel. Você não entende nada. Então procura atribuir a culpa a alguém. Uma reação típica: "Acreditei quando ele me disse que a família dele era muito complicada. Achava que ele tinha medo deles e queria me poupar. Pus a culpa neles. Não queria acreditar que ele simplesmente não desejava que eles me conhecessem. Então me dei conta de que ele nunca me apresentara às pessoas com quem trabalhava. Concluí que ele devia sentir vergonha de mim. Primeiro, fiquei magoada, depois, com raiva."

Os planos dele:

Claramente, ele está tentando limitar sua participação na vida dele. Ele não quer que você se envolva em tudo o que ele faz, porque então seria mais difícil escapar. Ele percebe que a está magoando – daí as desculpas, em vez da verdade. Ele sabe que o comportamento que assumiu está machucando o seu ego, mas isso não supera a ansiedade que ele sente ao pensar em incluí-la em todos os aspectos de sua vida.

Ao estabelecer esses limites, o homem com fobia a compromisso que existe dentro dele a está alertando. Ele não quer que você tenha expectativas irrealistas.

A reação inteligente:

Se você chegou a esse estágio no relacionamento, está em apuros. Tente resolver o problema antes que piore. Ele está sendo propositadamente malvado e muito provavelmente tem consciência disso. Basicamente, não há desculpas para tal crueldade emocional. Não entre no jogo aceitando jogar segundo as regras *dele*.

Pense nisso: como é que você reagiria se uma amiga fizesse assim com você?

Suas reações devem ser coerentes com o que estiver acontecendo. Mas saiba que as reações *dele* não serão o que você espera. Se disser que está magoada, ele pode achar que você está tramando algum tipo de cilada. Não procure melhorar as coisas apelando para o homem que a está maltratando.

Que tipo de exclusão ele promove? Se é apenas lento para lhe apresentar aos amigos, mas você percebe um esforço nesse sentido, o problema não é grave. Mas se ele vem tendo um comportamento malvado – não a convida para as datas festivas nem para eventos sociais importantes, ou a trata de forma injusta –, proteja-se e afaste-se imediatamente. Você não pode permitir que a tratem dessa maneira. *Goste de si mesma.*

4. Ele foge de eventos que incluam sua família e amigos e evita passar muito tempo com essas pessoas. É como se tivesse certeza de que alguém ali sabe de alguma coisa negativa sobre ele.

Uma típica reação sua:

Você quer compartilhar com ele os momentos felizes de sua vida. Quer que ele goste das pessoas de quem você gosta e que ame as que você ama. Mas, em vez de desejar conhecer essas pessoas, ele parece evitá-las. Quando está em eventos sociais, ele muda e parece ficar tenso. Às vezes você culpa um amigo ou um familiar por deixá-lo pouco à vontade.

Os planos dele:

O homem com fobia a compromisso realmente fica pouco à vontade em eventos sociais desse tipo. Quando está sozinho com você, ele consegue fazer piadas e rir de si mesmo, mas, quando está com a sua família, ele se sente um impostor. Ele imagina que essas pessoas esperam que ele se case com você e acha que não deveria estar ali, a menos que estivesse preparado para um compromisso... e não está.

A reação inteligente:

Reconheça que seus amigos e sua família podem avaliar a situação com mais clareza. Eles a conhecem há muito tempo e são sempre leais a você. Ouça o que eles dizem, pense a respeito. Não é possível que ninguém, além de você, goste dele ou o entenda.

Sobretudo, não se afaste da família e dos amigos como sinal de amor por esse homem. Eles são um bem precioso e permanente.

5. Ele a trata como se você não fosse mais prioridade e tem um milhão de desculpas para isso.

Uma típica reação sua:

Você não percebe imediatamente a mudança, porque ainda está muito encantada com a maneira como esse homem a tratava no começo. Por isso acaba embarcando nas desculpas dele. Se ele diz que anda mais ocupado no trabalho, você acredita. Se ele tem um milhão de coisas a fazer, ou amigos a encontrar, você acha que o relacionamento está entrando num ritmo mais normal e é praticamente um casamento. Você não se dá conta de que os sentimentos dele em relação a você mudaram.

Então você lamenta que ele tenha de trabalhar até tarde, fica em casa esperando as ligações dele e o surpreende com jantares românticos e presentes.

Os planos dele:

Definitivamente, você deixou de ser prioridade, e ele quer que você esteja ciente disso, mas não a ponto de ameaçar o relacionamento. Conseqüentemente, ele inventa desculpas e espera que você lhe dê mais espaço, mas não se dá conta de que essas desculpas fazem você se sentir como uma verdadeira esposa.

Tudo funciona mais ou menos assim: antes, ele saía com você toda sexta, sábado e domingo, mas agora ele só quer vê-la aos sábados. Então diz que tem que trabalhar, e telefona inúmeras vezes na sexta à noite e no domingo. Ele não tem certeza do que quer que aconteça, mas sabe que precisa de distância e tenta estabelecer um padrão que lhe dê mais tempo longe de você. Outra possibilidade: Em vez de chegar às 18h e jantar com você, ele inventa desculpas e não aparece antes das 22h.

A reação inteligente:

Não pense que esse tipo de comportamento é temporário. Esse homem não é o marido que passou anos construindo um sólido e seguro relacionamento com você. É um homem que lhe prometeu o mundo e que agora está recuando. Se você insistir em avançar, vai ter problemas.

Pare de agir como uma esposa compreensiva. Não esteja disponível toda vez que ele ligar ou encontrar um tempinho para você. Não estou sugerindo que você faça joguinhos, e sim que você guie *sua própria vida*. Se você já não é mais uma prioridade para ele, não faça dele a sua. E não se preocupe se ele ficar decepcionado.

Nem pense em mandar cestas de café da manhã, cartõezinhos ou qualquer outra coisa para mostrar o amor que sente por ele. Isso não vai funcionar.

Não prepare o jantar para ele e não faça nada além daquilo que lhe é pedido. Quando a relação chega a esse estágio, o típico homem com fobia a compromisso se sente muito culpado para pedir qualquer coisa à mulher, porque não quer que ela peça nada a ele. Então, se ele *pede* que você cozinhe, e que espere acordada por ele, é porque provavelmente está sendo sincero.

Entendo que emergências no trabalho acontecem, e que as desculpas podem ser verdadeiras, mas uma mulher inteligente consegue distinguir uma coisa da outra. Sabemos quando um homem está dando uma desculpa para escapar. Você pode não querer reconhecer isso, mas, no fundo, você sabe.

6. O comportamento sexual dele se modifica e ele, sutilmente, faz você acreditar que a responsabilidade é sua.

Uma típica reação sua:

Quando o comportamento sexual do homem se modifica, você percebe imediatamente. Suas reações típicas variam: por um lado, você acha que isso é normal em um relacionamento que fica mais estável; por outro, você tenta, sutilmente, seduzi-lo. Se a mudança de comportamento dele persiste, você se sente muito rejeitada e teme que algo em você o esteja deixando desmotivado sexualmente.

Os planos dele:

Ele pensa que mostrar muito interesse sexual por você é iludi-la. Por isso ele muda de atitude nesse setor para mostrar que está desacelerando. Alguns homens apenas mudam o estilo. No lugar da paixão, usam pura técnica. Outros deixam de tomar a iniciativa. Ele não quer ter uma atitude ativa no sexo, porque para ele isso significa responsabilizar-se por todo o restante do relacionamento. Se você tomar a iniciativa, ele pode alegar que a idéia foi sua, e assim não se sentirá culpado por continuar a "iludi-la".

A reação inteligente:

A primeira coisa a fazer é lidar com a realidade. Se ele está arrefecendo na relação, é porque está mais frio mesmo. E essa é uma questão emocional. Não assuma a responsabilidade pelo sexo, e não pense que o sexo irá restabelecer os laços entre vocês.

É natural que você se sinta rejeitada e insegura. Mas não tente mudar o que está acontecendo mostrando-se mais sensual. Não recorra a recursos eróticos – nada de jantares românticos, lingerie comestível, etc. Os laços entre o casal não se fortalecerão cada vez que vocês forem para a cama. Lembre-se: são esses laços que estão causando medo ao homem.

Não tema se, ao ver você recuando no sexo, ele começar a sair com outra pessoa. Se tiver de fazer isso, ele vai fazer de qualquer maneira. Além do mais, nesse estágio, um típico homem com fobia a compromisso tende a querer ainda mais transar com outra mulher justamente por estar transando com você.

Não o sufoque com carinhos, carícias, afagos, mordidinhas. (O impulso para essas coisas é compreensível – havia muita intimidade sexual entre os dois e você não entende o que mudou.) E não fique lendo artigos de revistas com dicas para seduzir seu homem.

O que você deve fazer? Não pense tanto em sexo. Esqueça isso durante um tempo. Diga a ele que você está cansada e vá dormir. Afaste-se sutilmente, não se aninhe perto dele. Quando esse homem voltar a se interessar de fato, não ceda só porque ele está a fim. Deixe-o conquistá-la de novo. E se esse distanciamento funcionar, não conte isso a ele.

O MAIS IMPORTANTE: não se sinta rejeitada; não há nada de errado com *você*.

7. Ele estabelece um cronograma determinando quando e como terá tempo para você e parece ter sempre outras prioridades que precisam ser atendidas. Por definição, isso perturba a evolução natural do relacionamento.

Uma típica reação sua:

Você acha que, a menos que ajuste sua vida em torno da agenda desse homem, ele ficará indisponível. Então você acaba se adaptando, mas as "regras" dele a deixam chateada. Elas são injustas e desequilibram o relacionamento, além de destruir a espontaneidade e o ritmo natural da relação. Você fica frustrada e se sente desvalorizada.

Nesse ponto, ele está tão diferente do que era no começo que você já não sabe mais o que fazer. Sua tendência é empenhar-se mais para lhe agradar, desejando que ele perceba quanto você está se esforçando para fazê-lo feliz. Você espera que isso funcione e que ele volte a ser aquele homem carinhoso que encantou você.

Os planos dele:

Ele não quer que o relacionamento tenha um ritmo normal e, propositadamente, estabelece limites. A maneira como ele organiza a própria vida é mais um sinal de que ele está impondo limites.

Algumas indicações óbvias de que um homem está impondo limites:

- Ele dorme em sua casa todo sábado à noite, mas no domingo de manhã vai sempre embora às 10h, e jamais ultrapassa esse horário ao seu lado.
- Ele nunca planeja férias ou um feriado com você.
- Ele some em datas festivas.
- Ele nunca passa um tempo não planejado ao seu lado.

A reação inteligente:

Não ajuste a sua agenda à dele. O homem repara imediatamente que você está se virando para conseguir encontrar tempo para os dois. Não tenha um comportamento típico da esposa que fica sempre em casa esperando o marido chegar. Isso só o faz sentir-se mais ameaçado, porque demonstra que você está pensando em um relacionamento a longo prazo. Não provoque uma briga por conta da agenda dele. Mas procure se concentrar mais em seus compromissos, sem fazer ameaças e sem prestar contas do que anda fazendo. Cuide de *você*, simplesmente. Isso não quer dizer que tenha de adotar um comportamento manipulador para deixá-lo inseguro e forçá-lo a agir de forma diferente. Fique, de fato, mais ocupada e indisponível e pare de se acomodar a qualquer situação.

Não o force a passar mais tempo com você, tomando a iniciativa de convidá-lo para sair. Nesse caso, duas coisas podem acontecer: ou ele recusará o convite e você se sentirá péssima ou concordará e ficará infeliz durante todo o encontro, o que também deixará você muito mal.

Alguns homens levam os limites a um ponto extremo. Uma mulher me contou que, durante três anos, ela e o namorado só passavam as noites de quarta-feira e de sábado juntos. No domingo de manhã, ele dizia que tinha de ir ver os filhos, tomava café com ela em uma lanchonete e a deixava em casa. Um domingo em que uma nevasca tomou conta da cidade, ele insistiu em levá-la de volta para casa, mesmo com as estradas bloqueadas, e sem que houvesse nenhum meio de transporte.

A conclusão dessa história é que muitas mulheres permitem tais limites em seus relacionamentos porque se convencem de que eles são justificáveis. No entanto, com mais freqüência do que se possa imaginar, o homem está deliberadamente fazendo você se sentir dessa maneira para poder aparecer quando quiser e para que você não tenha os mesmos direitos que ele. Nenhum relacionamento é capaz de se sustentar com esse tipo de desequilíbrio.

8. Ele trata cada um de seus pedidos como se fosse uma exigência e se incomoda com o fato de que você "conta com ele". Ele mostra que não gosta de "expectativas", mas não esclarece quais são.

Uma típica reação sua:

Provavelmente você começa a pisar em ovos e se esforça ao máximo para não fazer muitos pedidos a ele. Você deseja a felicidade dele, mas começa a sentir que é você quem cede sempre.

Você também lembra que no começo ele fazia qualquer coisa por você e pensa que essa mudança de comportamento é temporária. Você começa a perguntar sobre o relacionamento dele com a mãe na infância, achando que a forma como ele interpreta seus pedidos tem a ver com traumas antigos. Há uma tendência a acreditar que, se você fizer mais por ele, ele fará mais por você. Então você se curva para não negar nada a ele.

Os planos dele:

Esse homem é hipersensível a tudo que possa significar dependência sua. Ele acha que se fizer coisas por você irá fortalecendo laços, e será cada vez mais difícil pular fora. Ele não quer que você conte com ele como se fosse seu marido. Para ele, fazer compras para você, organizar um jantar ou ajudar a pendurar um quadro na parede é agir como marido.

Ele também não quer que você se lembre de como no começo ele fazia qualquer coisa para conquistá-la.

A reação inteligente:

Esqueça o começo do relacionamento e saiba que o seu namorado não é mais o mesmo homem que, com toda a boa vontade, pintou as paredes da sua cozinha, levou-a ao médico e a buscou no trabalho. Ele não é o mesmo e quer esquecer aquela fase.

Não comece a se esforçar para lhe agradar, na esperança de que ele reaja de forma gentil. Não pense em dar desculpas para o comportamento dele. Saiba que ele está agindo dessa forma porque não quer se transformar em um marido. Então, não aja como uma esposa. E não comece a brigar, como uma esposa faria, por conta da forma como ele anda tratando você.

Esqueça essa guerra e não peça nada a ele. Contrate mão-de-obra profissional para fazer os reparos em sua casa. Se precisa de companhia para ir a uma festa, convide uma amiga. O homem com fobia a compromisso não pensa como você nem deseja as mesmas coisas que você. Não se preocupe em deixá-lo inseguro ou desnecessariamente ciumento.

Se sua atitude independente fizer com que ele mude de comportamento, talvez você possa reconstruir um relacionamento baseado em novas regras.

Mas também, pare e pergunte por que está aturando um relacionamento do qual vem recebendo tão pouco, simplesmente por conta das poucas semanas douradas do começo.

9. Ele nunca parece "ouvir" o que você diz e presta cada vez menos atenção nas suas necessidades.

Uma típica reação sua:

Você se concentra cada vez mais no que ele diz, dissecando e analisando tudo. Você costuma passar um tempo considerável discutindo os mais diversos assuntos com as amigas. Você pode até estar pensando em fazer terapia, apenas para conseguir debater suas questões com um profissional.

O que aconteceu? No começo, ele fez com que você sentisse que tinha encontrado a combinação perfeita de amante e melhor amigo. Agora ele não quer discutir mais nada, quase ignora seus pedidos e age como se pouco lhe importasse se você está triste ou satisfeita.

Você está certa de que alguma coisa aconteceu, mas não tem idéia do que é e se pergunta se houve algum mal-entendido. Procura de todos os modos discutir os problemas dele, tenta ser mais compreensiva, mais generosa em relação às motivações dele, à personalidade dele. Imagina longas conversas com ele, nas quais você ensaia diferentes abordagens e formas de se defender. Mas ele não se dispõe a conversar.

E você fica perplexa, sem saber *o que está acontecendo!*

Os planos dele:

A idéia desse homem é eliminá-la aos pouquinhos da vida dele. No começo, prestar atenção em você era uma maneira de mostrar quanto ele se importava. Agora, não prestar atenção em você é uma forma de mostrar que ele tem medo de se importar. Não é que esteja concentrado em coisas mais importantes. Ele simplesmente não quer ouvir o que você está dizendo. É claro que ele escuta e sabe que você está infeliz. Você também não precisa convencê-lo de que é maravilhosa, porque ele sabe disso. O problema é que ele está se afastando. Não prestar atenção ao que você diz é apenas uma das maneiras de se desligar de você.

A reação inteligente:

Não estabeleça como uma de suas prioridades ouvi-lo ou conversar sobre os problemas dele. Você não é terapeuta nem mãe dele. Obrigue-se a parar de falar com suas amigas sobre ele. Faça um esforço para não pensar nele (sei que é difícil), e não deixe que ele se torne uma obsessão.

Apague de sua mente todas as fantasias românticas de que ele voltará ao normal e se jogará aos seus pés.

Quando perceber que esse homem não está prestando atenção em você, não procure fazer algo especialmente atencioso para demonstrar quanto você o ama. Ele sabe perfeitamente disso – e esta é justamente uma das grandes causas do problema.

Em vez de se preocupar com os problemas dele, preocupe-se com a *sua* felicidade e avalie seriamente se não é melhor abrir mão desse homem e seguir em frente com a sua vida.

10. Ele elogia sua lealdade, devoção, inteligência, compreensão, além de suas habilidades na cozinha – todas qualidades "dignas de uma esposa" –, mas, ao mesmo tempo, elas parecem deixá-lo desconfortável

Uma típica reação sua:

Ele diz que respeita sua sinceridade e sua lealdade, e você tenta ser ainda mais sincera e leal. Ele afirma que admira seus valores tradicionais, e você expressa valores ainda mais tradicionais. Ele diz que respeita sua inteligência, e você espalha sobre a mesa da sala livros que tratam de assuntos altamente herméticos. Se ele diz quanto está feliz por vocês compartilharem os mesmos gostos musicais toda vez que entra em sua casa, ele é recebido ao som de uma melodia de interesse comum. Ele sempre elogia sua comida, e você investe em novas receitas.

Ou seja, você sabe perfeitamente quais são as suas qualidades que mais lhe agradam e que ele valoriza. Como você quer satisfazê-lo, enfatiza os aspectos de sua personalidade que ele diz admirar.

Os planos dele:

As mesmas qualidades que ele elogia o fazem sentir-se aprisionado. Porque são qualidades que ele pensa que uma esposa deve ter. Quando as enaltece, é quase como se estivesse discutindo com ele mesmo. Supostamente, ele deveria gostar de todas as coisas que você representa – então por que não gosta?

O que ele está pensando é: "Você daria uma ótima esposa, mas eu não tenho certeza se quero uma." Não se engane: ele realmente gosta desses seus atributos, mas eles lhe causam desconforto porque o fazem pensar na palavra "casamento".

A reação inteligente:

Não tome os elogios como um pedido para que você cozinhe mais, seja mais compreensiva ou, em outras palavras, entre no modelo de esposa "ideal".

Não pense que os elogios são sinceros e que você tem que atuar de acordo com eles. Isso é um erro. Se não acredita, pense nas mulheres com quem ele se relacionou por mais tempo. Alguma delas tem essas qualidades? Digo isso porque muitos homens que alegam querer todos esses maravilhosos atributos de "esposas" acabam casando com mulheres que jantam a comida chinesa que os maridos levam para casa.

11. Ele passa a ter problemas para ver você. Por exemplo: ele "nunca encontra vaga perto da sua casa". Ele tem "dificuldade para dormir na sua cama". Você "mora muito longe". Ele é "alérgico ao seu gato".

Uma típica reação sua:

Você se desculpa injustificadamente e começa a adaptar o seu ambiente para se adequar às necessidades dele. Quando vocês se conheceram, ele não via tantas dificuldades para estarem juntos. Será possível, você se pergunta, que ele esteja agindo assim para sugerir que você compre uma cama nova, se mude para um lugar mais conveniente ou se livre do gato?

Os planos dele:

Ele também sabe que essas coisas não o incomodavam antes. Todas essas reclamações servem como desculpa para ele passar cada vez menos tempo ao seu lado. Ele não quer solucionar nenhum desses problemas e, caso você resolva algum deles, é bem provável que ele arranje novos motivos, talvez até mais complicados, para justificar a dificuldade de estar com você.

A reação inteligente:

Jamais mude seu ambiente para se ajustar às necessidades dele. Não compre uma nova cama nem doe seu gato a uma amiga. Não se trata de problemas reais. Se duvida disso, tente solucionar alguns deles e veja o que acontecerá: ele certamente encontrará outros.

Se ele não consegue dormir na sua cama, diga-lhe que volte para casa. Se tiver dificuldade para estacionar, marque o encontro em outro lugar. Se for alérgico ao seu gato, vá para o apartamento dele e deixe que ele prepare o jantar.

Às vezes o homem só começa a agir assim quando vocês vão morar juntos. Ele passa a reclamar de um milhão de problemas no lugar que vocês dividem – mas faz parecer que você é responsável por todos. Nesse caso, permita que ele assuma a responsabilidade por todas as modificações. Se ele quer uma cama nova, por exemplo, deixe-o comprá-la e marcar a entrega.

É claro que o convívio no mesmo espaço exige mudanças e adaptações ao estilo de cada um. Se vocês já são casados ou estão morando juntos, observe o comportamento do seu parceiro. Modifique uma ou outra coisa para se ajustar às necessidades dele e depois verifique se a lista de reclamações encurtou ou aumentou. Se ele sossegar, maravilha. Mas, se ele continuar reclamando de outras coisas, entenda isso como um prenúncio do que está por vir.

Faça o que for preciso, mas não se coloque na defensiva nem

se sinta culpada quando ele reclamar de sua geladeira, do seu lixo, do armário de remédios, etc. Não assuma toda a responsabilidade pelas mudanças. Em vez disso, deixe-o começar pelas que considera mais importantes.

12. Ele começa a apontar defeitos em você e a encontrar razões pelas quais o relacionamento não vai dar certo. Ele pode até magoá-la se os tais "defeitos" forem coisas que você não pode mudar, como sua nacionalidade, idade ou tipo físico. Ou ele pode jogar esses "defeitos" na sua cara quando finalmente decidir terminar o relacionamento. (Curiosamente, esses "defeitos" dificilmente têm algo a ver com qualquer coisa que você tenha feito. Eles estão ligados ao que "você é". Esse homem tinha plena consciência dessas características quando resolveu conquistá-la.)

Uma típica reação sua:

Quando ele começar a falar de seus "defeitos", você ficará tão surpresa que poderá achar que ele está brincando. Mas, ao perceber que ele fala sério, ficará magoada e na defensiva. Você não acredita que ele possa estar dizendo coisas assim. Você acaba ficando furiosa.

Os planos dele:

Ele sabe perfeitamente que algumas dessas características foram justamente as que o atraíram no início do namoro. Mas ele também sabe que esses "defeitos" fabricados são a forma mais fácil de fugir da relação, simplesmente porque não podem ser modificados. Ele sabe que você pode comprar uma cama nova, perder ou ganhar peso, ou mudar a cor do cabelo. Mas você não pode mudar sua nacionalidade, sua altura, sua idade, seu passado ou a situação econômica de seus pais. Quando ele começa a apontar essas coisas como problemas, isso não significa que ele a esteja abandonando... ainda. Esse homem só quer que você saiba que ele tem uma razão "legítima" para romper a relação, caso queira deixá-la. Os "defeitos" costumam ser uma maneira de culpar alguém pela eventual falência do relacionamento.

Ele também pode usar os pais, o advogado e os filhos de um casamento anterior como desculpas para cair fora de qualquer compromisso com você. É uma atitude infantil do tipo "eu bem que queria, mas papai e mamãe não deixam".

A reação inteligente:

Saiba que está lidando com um canalha. É sórdido fazer com que alguém se sinta tão mal com algo que não pode ser modificado. Se suas características o incomodavam tanto, ele nunca deveria ter se envolvido com você. Você sabe disso e ele também deveria saber. Não se justifique de forma alguma.

Sei que é difícil acreditar que esse homem que parecia gostar tanto de você agora esteja agindo tão injustamente. Mas é exatamente isso que está acontecendo. Afaste-se e em hipótese alguma recorra a ele, porque seria pedir socorro ao bandido. Você está certa ao pensar que ele não está falando sério, mas isso não quer dizer que ele vá parar de insistir nesses pontos.

Quando um homem normalmente sensível persiste nesse tipo de crueldade, é porque está dominado pela ansiedade da fobia a compromisso e não consegue parar. Talvez ele não tenha o propósito de magoar você, mas é isso que está fazendo. É imprescindível para a sua saúde mental que você se mantenha com os pés no chão e não se mude para uma ilha da fantasia, esperando que ele se desculpe por ter agido feito louco e volte a ser como era no começo.

Novamente, a melhor coisa que você pode fazer é limitar – ou até, quem sabe, eliminar – o envolvimento dele em sua vida e o seu na dele. Não espere que um milagre vá modificá-lo.

13. Ele pode deixar pistas de que está interessado ou até mesmo saindo com outra mulher (geralmente alguém do passado dele).

Uma típica reação sua:

Você pode começar a encontrar pistas que indiquem que outra mulher esteve no apartamento dele. Ou pode pegá-lo numa mentira. Fica surpresa, porque sempre achou que ele estava muito envolvido com você e acreditou que o amor entre os dois fosse real. Nada faz sentido e, levando em conta tudo o que ele já disse, isso parece inacreditável. Você provavelmente o confrontará, na esperança de que ele negue tudo.

Os planos dele:

O pior dos homens com fobia a compromisso costuma usar outra mulher como o último golpe para pôr fim a um relacionamento. Ele certamente não quer um compromisso com essa mulher, mas ela serve como uma forma de escapar do relacionamento com você.

Às vezes isso acontece quando a relação parece estar alcançando outro estágio. Talvez no momento em que estão planejando morar juntos. Ou quando começam a falar em casamento.

Se ele estiver mesmo saindo com outra mulher, leve isso a sério. É um sinal, independentemente do que ele diga, de que ele está partindo. Esse homem simplesmente não consegue mais ficar à vontade com você. Algo no relacionamento chegou a um ponto absolutamente desconfortável para ele.

Às vezes a fobia a compromisso é de tal ordem que ele perde a consciência do que está acontecendo e dos sentimentos que unem vocês dois. Ele talvez interprete tudo o que você faz como uma forma de manipulação para levá-lo ao compromisso. Um jantar gostoso, um presente especial, um gesto de carinho, uma manifestação de interesse, qualquer coisa assume a aparência de uma armadilha astuciosa para prendê-lo.

Sair com outra mulher é a maneira que ele encontrou para escapar da armadilha. E deixar pistas para que você tome conhecimento do que está acontecendo é a maneira que ele encontrou para dizer que não pretende estabelecer um compromisso com você.

Acredite ou não, ele ainda não decidiu se vai abandoná-la.

A reação inteligente:

O que você deve fazer? Em primeiro lugar, se você é uma mulher sensível, pouco propensa a exageros, acredite nas pistas deixadas por ele. Confrontá-lo não adiantará nada, porque ele provavelmente irá negar tudo. Se você chegou a esse ponto, o relacionamento já está fora de controle. O que você precisa urgentemente é tirar férias desse homem e da maneira como ele a vem magoando.

Veja o que você deve ou não fazer:

- Fuja para o mais longe possível.
- Não telefone para saber o que está acontecendo.
- Comece a imaginar um futuro com outro homem.
- Não pense que você fez algo errado.
- Não comece a questionar seu discernimento.
- Não mexa nas coisas dele em busca de mais provas.
- Não acredite que isso é só uma fase que logo passará.
- Procure outras coisas em que pensar – qualquer coisa. (Sugestões: matricule-se em uma academia, volte a estudar, vá ao cinema, ligue para velhos amigos, saia para jantar com pessoas agradáveis e não fale nele, tire férias.)
- Deixe de fazer coisas para ele.
- Não tente intensificar o envolvimento sexual entre vocês dois procurando salvar o relacionamento – isso não vai acontecer.
- Não procure provar para ele que você é melhor, mais inteligente, mais sexy, etc. do que qualquer outra mulher.
- Não fale mais ao telefone com ele.

A essa altura, o mais importante é você ter noção do *seu* valor e não alimentar sentimentos de rejeição. Se o fizer, pode ficar deprimida e começar a achar que ele é o único homem capaz de fazer você se sentir melhor, o que só vai aumentar a depressão. Portanto, fuja disso.

Lembre-se: ele irá interpretar todos os seus esforços para se tornar mais atraente – incluindo a massagem no ego dele – como uma forma de manipulá-lo na direção de um compromisso mais estável.

A única coisa a fazer, nesse ponto, é se afastar um pouco, retomar o controle emocional e avaliar cuidadosamente as reações dele.

14. Se estiver saindo com outra mulher, ele mente sobre isso, garantindo que você é a pessoa mais importante na vida dele.

Uma típica reação sua:

Você não acredita nele, mas quer acreditar. No fundo, você está aliviada com a ênfase com que ele desconsidera os fatos e as evidências. Ele demonstra ou simplesmente diz que você é a mulher da vida dele, e isso é tudo o que lhe importa. Mas você se sente insegura, ansiosa e muito angustiada.

Os planos dele:

O homem mente porque, na visão dele, admitir uma traição significa terminar a relação – o que, acredite ou não, ele ainda não está certo de querer. Acho que ele não se dá conta de como isso tudo a faz infeliz. Ele está obcecado com o próprio medo e com seus problemas pessoais. Novamente, esse é o pior comportamento que um homem com fobia a compromisso pode adotar. O que ele tenta de fato fazer, em todos os níveis de consciência, é dizer a você que não pode se comprometer com você agora... e, possivelmente, jamais.

A reação inteligente:

O melhor a fazer é sair fisicamente do ambiente em que ele vive. Não acredite em suas mentiras, desculpas ou explicações – mas também não discuta com ele. Se esse homem tem uma real fobia a compromisso, você sabe por que ele está mentindo e entende que qualquer coisa que fizer só aumentará a ansiedade e o medo dele.

Se outra mulher estiver envolvida, ignore aquele impulso imediato de se aproximar dele para não perder seu lugar. Esse comportamento não é nada sensato. Avalie se vale a pena suportar esse tipo de dor. O melhor é recuar e pensar em *você*. Mesmo que o ame e deseje ficar com ele, ainda assim deve recuar e pensar em você, porque só assim o relacionamento terá alguma chance.

Não se iluda pensando que, se ele mente, é porque ainda gosta de você. A questão não é essa. O problema é que ele não sabe o que fazer com os próprios sentimentos, e já que é do tipo que usa outras mulheres para se livrar de um compromisso sério, nunca conseguirá estabelecer uma relação estável com ninguém. Você deve enfrentar a realidade e ter consciência do que ele está fazendo e do que poderá fazer com você. É puro desrespeito e sofrimento.

Não pense nunca, jamais, que vocês dois poderão resolver juntos essa questão. A proximidade é a raiz do problema. Ficar juntos não resolverá nada e pode até piorar as coisas. A palavra-chave é *recuar*.

Muitas das mulheres com quem conversei disseram que, quando um relacionamento chega a esse ponto, elas ficam obcecadas em analisar o comportamento dos homens. Muitas me contaram que achavam que eles estavam tendo um problema psicológico e se comportaram como esposas amorosas e fiéis dando apoio aos maridos. Nem é preciso dizer que nada disso funcionou.

15. Ele está em conflito profundo e pode reagir a suas ameaças de pôr fim ao relacionamento prometendo mudar. Ele é até capaz de chorar.

Uma típica reação sua:

Se o homem reage à sua ameaça de terminar a relação, você respira aliviada e pensa que ele finalmente "acordou". Ele promete mudar e você acredita nele. Se ele chora, você se comove. O que acontece tipicamente é que você volta a se comportar exatamente como antes: amorosa e compreensiva.

Os planos dele:

Se você tenta pôr fim ao relacionamento, ele fica chocado e se surpreende por se ver tão magoado. Logicamente, as tentativas dele de se distanciar funcionaram muito bem, mas de repente ele se dá conta de que não está pronto para abandonar o relacionamento. Lembre-se de que ele ainda nutre sentimentos fortes por você. Ele quer você ao lado dele – só não quer isso o tempo todo.

Então ele promete mudar, se emociona, chora. Mas no fundo ele sabe que não poderá cumprir as promessas que faz. Ele não diz concretamente como irá mudar, só promete tentar.

A reação inteligente:

Esta é uma ótima oportunidade para fazer algumas mudanças substanciais no relacionamento. Mas você tem que estar preparada para recuar e se comportar de forma diferente. Você pode aceitar continuar com ele, mas é preciso fazer algumas exigências, como terapia de casal. Não acho possível reconstruir a relação sem ajuda externa, e, quanto mais cedo vocês recorrerem a ela, melhor. Ao mesmo tempo, se você realmente quer que o relacionamento sobreviva, a terapia de casal deve ser complementada por um aconselhamento individual. Só assim a relação terá alguma chance de sobreviver.

De qualquer modo, só aceite as promessas dele se ficar claro para ambos *como* ele pretende empreender tais mudanças. Um vago "prometo que vou tentar" não é suficiente. Ele precisa tanto de ajuda quanto você. Caso contrário, as chances de um retrocesso são enormes.

Um homem que chora e promete mudar está vulnerável – nesse momento –, mas essa vulnerabilidade não durará. Então aproveite-a.

Algumas coisas que você deve ter sempre em mente: não sinta pena dele. Não espere que ele, sozinho, consiga empreender a mudança – você também terá de mudar, tornando-se mais independente e menos controladora. Caso contrário, ele continuará assustado com a perspectiva de um compromisso.

Você está em uma situação-limite. Use-a para provocar mudanças positivas em seu relacionamento e em você mesma.

16. Apesar de tudo o que ele diz, nada muda; ele não deixa o relacionamento avançar e se recusa a falar sobre isso.

Uma típica reação sua:

Talvez não seja possível insistir em um compromisso completo, mas o mínimo que você espera é um pouco de honestidade. Você quer ter certeza de que não está perdendo tempo e deseja que as coisas melhorem. Você não agüenta mais o discurso do tipo "é claro que eu me preocupo com você".

Você tem uma lista de coisas sobre as quais quer conversar com ele. Ela inclui:

- Como ele pode feri-la tanto se diz que gosta de você?
- Será que um dia ele estará pronto para assumir um compromisso?
- Será que um dia ele vai conseguir rearranjar a própria vida para que você se torne a prioridade dele?

- Por que ele a exclui dos outros setores da vida dele?
- Por que ele não dá a você o espaço que merece na vida dele?

Tanto faz se você está tentando conversar calmamente, se chora histericamente ou se grita descontroladamente. Ele não vai discutir o que está acontecendo nem tomará qualquer iniciativa. Você tem certeza de que ele se importa com você, mas isso não é suficiente. Você não entende como alguém pode ser tão teimoso e chega à conclusão de que está agindo de forma autodestrutiva.

Você tenta convencê-lo a fazer terapia ou a procurar um aconselhamento. Está muito claro para ele, e para todos ao redor, que você fará o que for necessário para salvar o relacionamento – mas, no fundo, você não sabe o que fazer.

Os planos dele:

Ele não quer batalhar pelo relacionamento nem deseja qualquer mudança. Também não quer discutir a relação porque, ao fazer isso, corre o risco de resolver os problemas. A recusa em fazer qualquer coisa para salvar o relacionamento é um claro sinal da posição dele.

Mas todas as suas queixas e questões são muito difíceis para ele, já que mostram que o relacionamento não poderá continuar da maneira que está. Ainda assim, ele sabe que não quer que a relação evolua. Ele simplesmente não deseja uma relação firme e monogâmica.

A reação inteligente:

Aceite o fato de que ele não quer investir na relação. Ele não quer mudar nada. Não aja como se ele fosse a parte do casal que tem problemas e você a parte que ajuda. Se ele quiser ajuda, deixe que a procure. Não interprete os motivos dele. Não tente convencê-lo de quanto você é maravilhosa. Não fique engendrando conversas complicadas para conseguir falar dos seus problemas. Se ele não quer mais ficar ao seu lado, não há conversa no mundo que possa convencê-lo do contrário.

O melhor que você poderá fazer é seguir sua intuição. Forçar a barra ou implorar não adianta nada. Sua ausência dirá mais do que mil palavras. Se ele experimentar um verdadeiro sentimento de perda, talvez se esforce para mudar. Se isso não ocorrer, não haverá mais nada a fazer. Sei que é um conselho muito difícil de ser seguido, mas quando um relacionamento chega a esse ponto, sem nenhuma indicação de que as coisas irão melhorar ou ficar mais sérias, a única coisa sensata a fazer é deixá-lo e partir para outra.

Capítulo 10

O final do relacionamento com um homem que tem fobia a compromisso

O final

A fase final de um relacionamento com um homem com fobia a compromisso começa quando fica claro para os dois que é impossível continuar sem uma mudança efetiva na relação. Está tudo desmoronando e apenas uma coisa é capaz de recompor o relacionamento: um compromisso por parte dele.

O final costuma ser antecipado por algum evento significativo, como um feriado, um casamento na família, uma doença ou férias. Tais eventos tendem a forçar o homem com fobia a compromisso a tomar uma decisão: ou ele e sua parceira ficam juntos em ocasiões como essas (ou seja, demonstrando para o mundo que existe um compromisso entre os dois) ou ele a exclui, o que significa que não constituem um casal de verdade. Infelizmente, apesar da culpa que ele sente ou das queixas dela o deixarem ciente de que ele não pode continuar a desconsiderá-la, sua fobia a compromisso não lhe permite agir de modo diferente.

Na fase do meio, ele estava inseguro quanto aos sentimentos que nutria por você. Agora, no final, ele já sabe que fica mais ansioso quando está com você do que na sua ausência. Então, se alguma decisão for tomada, será a favor do término do namoro.

Mas como, afinal de contas, trata-se de um homem fóbico, é muito difícil para ele assumir qualquer compromisso sério com você – seja para ficar ou para ir embora. Conseqüentemente, ele prefere que tudo aconteça indiretamente e que *você* assuma a maior parte da responsabilidade.

Todas as ações desse homem a partir desse ponto, portanto, terão como objetivo demonstrar que ele está indo embora – sem que ele tenha de dizer isso efetivamente.

Se no começo ele a deixava emocionalmente segura, agora ele faz com que você se sinta totalmente insegura. Saiba que ele também está pavimentando todas as rotas para a fuga. Talvez comece provocando discussões, ou pode se comportar tão rudemente que você será levada a colocar um ponto final na história. Qualquer que seja o método usado, ele já tem em mente que a deixará. Só não sabe exatamente como fazê-lo.

Você, por outro lado, provavelmente não está reagindo da forma mais apropriada, porque até pouco tempo atrás esse homem dizia que a amava. Ele também se lembra disso, e este é um dos motivos pelos quais ele se esquiva de uma conversa sincera.

O homem obviamente está tão preocupado e infeliz que você interpreta erroneamente a mensagem que ele tenta passar. Você o atura e age como se lhe devesse algum tipo de lealdade. Apesar de ter travado uma batalha para que ele mudasse de comportamento, talvez não tenha feito o suficiente para ameaçar a segurança dele.

Por outro lado, ele vem se empenhando de tal modo para afastá-la, que o seu ego deve estar bastante ferido. Provavelmente os seus sentimentos alternam entre ansiedade intensa e depressão profunda e, em vez de cuidar de si própria, recorre a ele, em busca de apoio. Isso não serve para nada.

Se o relacionamento chegou ao fim, você não tem mais quase nenhum poder. Na minha opinião, o melhor a fazer é pular fora para tentar salvar o que restou da sua dignidade.

O padrão típico

1. A atitude dele em relação a você mudou quase por completo e ele deixa bem claro que está indo embora.

Uma típica reação sua:

Novamente, você está em uma situação emocional completamente diferente da dele. A essa altura você provavelmente já deduziu que, apesar de não fazê-la feliz, é claro que ele não quer deixá-la. Isso tende a intensificar a idéia de lealdade. Você costuma se sentir como esposa, mesmo que os dois saibam que a maioria dos problemas foi causada pela dificuldade que ele tem de assumir um compromisso. Eis uma reação típica: "Não fazia idéia de que estávamos prestes a terminar tudo. Achei que, como já passamos por tantas crises, conseguiríamos resolver novamente os problemas. Queria que ele assumisse o compromisso, e me dispunha a esperar."

Os planos dele:

Ele acha que está pronto para terminar o namoro, mas ainda se sente culpado. Ele também está mal. Lembre-se: estamos falando de um homem que não consegue assumir compromisso com coisa alguma, nem mesmo com o término de um relacionamento.

Já que não consegue dizer o que sente, ele deixa que você o perceba de forma indireta. Veja algumas das maneiras pelas quais ele pode estar passando sua mensagem:

- Ele começa a falar de mudanças, a dizer que vai sair da cidade, fazer uma viagem longa, ou tirar férias – sozinho.
- Ele deixa pistas óbvias de que está saindo com outra mulher.
- Ele começa a apontar defeitos em você e a provocar brigas.
- Ele se torna visivelmente confuso e angustiado.
- Ele expressa a vontade de passar mais tempo sem você, dizendo coisas como "Tenho que decidir o que fazer" ou "Preciso pensar sobre nós".

A imagem do homem que faz tudo isso é patética e confusa. Às vezes ele tem completa noção de que, se você sente pena dele, será muito pouco provável que brigue ou reclame do que ele reconhece serem fraquezas dele. Não se esqueça de que ele está consciente de que a iludiu até o momento, mas torce para que sua compaixão a impeça de fazer uma cena.

A reação inteligente:

Não sinta pena dele. Você é a parte agredida, não ele.

Algumas mulheres costumam acreditar no "tenho que me concentrar em mim mesmo". Quando isso acontece, elas assumem a posição de "esperarei por você". Isso não leva a nada, a não ser à raiva que elas sentem depois.

Em vez de desperdiçar energia ajudando-o a se encontrar, é hora de você recolher seus pertences e dar o fora. Assuma o prejuízo emocional e saia do relacionamento com o que lhe restou de auto-estima e ego.

Se ele decidir ir atrás de você e propuser ou aceitar uma terapia de casal, maravilha! Mas ficar por perto, observando-o em seus contorcionismos, não ajudará em muita coisa.

2. Ele passa menos tempo com você e não se preocupa em dar muitas explicações.

Uma típica reação sua:

Já que ele não manifestou diretamente seu desejo de terminar – é capaz até de estar negando isso –, você continua perguntando o que está acontecendo, tenta acreditar em tudo o que ele diz e se mostra disponível quando ele pede para vê-la.

Você também procura encontrá-lo com mais freqüência e tenta discutir a relação. Certamente você chora bastante e passa muito tempo imaginando o que terá acontecido.

Os planos dele:

Para aliviar a culpa, ele tenta fazer você se acostumar gradativamente à ausência dele, achando que assim está sendo mais justo. É quase como se acreditasse que você não está sentindo a falta dele.

A reação inteligente:

Não telefone. Não escreva cartas. Não tente provar nada para ele. Não espere por ele. Não peça para vê-lo. Não planeje encontros para tentar seduzi-lo. Não planeje festas na esperança de que ele apareça. Em outras palavras, não modifique toda a sua vida numa tentativa vã de chamar a atenção desse homem.

Esqueça que o conheceu. Comece a retomar sua vida. Se isso significa um tratamento terapêutico, vá em frente. Saia mais. Peça a seus amigos que a mantenham ocupada. Diga a ele que suma, caso a procure.

Não pense que se conseguir a atenção dele, mesmo que por apenas um minuto, você o terá de volta. Isso não vai funcionar.

Preste atenção: todos sabem que um período de luto é necessário. Se você chegou a esse estágio, foi longe demais. Mas, ao mesmo tempo, se o namoro parece ter morrido, tentar reavivá-lo apenas consumirá a pouca energia emocional que ainda lhe resta.

3. Ele insiste em querer mais espaço e flexibilidade.

Uma típica reação sua:

Lembrando ainda o comportamento dele no começo, você imagina que, se concordar com tudo o que esse homem diz, o fará crer que assumir um compromisso não é tão ameaçador assim. Já que há muito pouco a fazer além de seguir as "regras" dele, você tenta lhe dar o espaço necessário, mas ainda não sabe ao certo como.

Os planos dele:

Ele está sufocado pela necessidade de mais espaço. O menor dos detalhes faz com que se sinta aprisionado. Quando está com você, parece que não consegue respirar. Ele está em busca de liberdade e tudo o que você faz é entendido como uma maneira de prendê-lo. Se você se submeter às regras dele, esse homem vai achar que você o está manipulando para que ele aceite o compromisso. Na cabeça dele, você é a carcereira.

A reação inteligente:

Não se submeta nem diga que lhe dará mais "espaço". Ele sentirá que você quer controlar a situação, caso você determine o espaço que ele terá. Isso confirmará sua posição de carcereira e o deixará irado.

A única coisa que você efetivamente pode fazer é ocupar todo o espaço possível, de preferência a milhares de quilômetros dele. Sei que isso não é fácil, mas recomendo veementemente que você siga essa sugestão. Qualquer outra alternativa é desgastante e inútil.

Você provavelmente está sentindo muita mágoa e tristeza. Mas aproveite o distanciamento para conseguir olhar para o que aconteceu de forma objetiva. E procure uma terapia, se for necessário. Vai ajudá-la.

Diga a ele que os dois precisam de tempo e de espaço para refletir. Na realidade, quem precisa disso é *você*, porque entrou na loucura dele.

Limpe seu apartamento. Livre-se das coisas que a façam lembrar dele. Se não conseguir jogá-las fora, coloque-as em uma caixa, passe uma fita adesiva, ponha a caixa no fundo do armário ou entregue-a a uma amiga. Pense como seria muito pior se tivesse se casado com ele.

4. Ele cancela encontros e desiste de planos.

Uma típica reação sua:

Se você ainda está com ele, fica tão confusa com as contradições que precisa desesperadamente de uma explicação. Se ele não queria sair com você, por que marcou um encontro? Se não quer falar com você, por que telefona? Sua capacidade de discernir está comprometida, e seu ego, encolhido.

Você investiu muita energia emocional nesse homem e tudo o que deseja é que ele volte a agir como no começo. Então tenta todas as abordagens, da raiva mais fria à tolerância quase maternal. Infelizmente, nada parece funcionar.

Os planos dele:

A culpa e a confusão desse homem serão diminuídas se ele conseguir convencer você de que não a ama – da mesma forma que conseguiu convencê-la de que a amava, no começo.

Você deve entender que a relação se aproximou de tal forma do compromisso que o alarme interno dele está soando no mais alto volume, tão alto que ele não consegue ouvir os próprios pensamentos. Então esse homem não raciocina, só tenta encontrar uma saída.

A reação inteligente:

Tome consciência do que ele está fazendo e conclua que não há nada a fazer ou a dizer para "que ele mude de idéia e fique com você". Não se preocupe com as coisas de que ele precisa para ser feliz. Não desperdice sua energia pensando em diferentes abordagens que possam funcionar. A única coisa que poderá funcionar é distanciar-se. Se tentar forçar sua presença, será a primeira a sofrer o maior dano. Você tem de recuar antes que ele o faça. É uma questão de tempo.

5. Ele está freqüentemente mal-humorado, mas sempre tem uma desculpa para isso. Ele pode até dizer que isso "não tem nada a ver com você".

Uma típica reação sua:

Uma das principais razões pelas quais a mulher fica confusa no fim é que ela acredita no que o homem fóbico diz (assim como acreditava no começo). Se você já se envolveu em situação semelhante, talvez até encarne o papel da esposa perfeita. Como ele diz que você não é a causa do mau humor dele, você começa a achar que há algo de muito errado acontecendo. Então se empenha em ser compreensiva e tolerante, ainda que o comportamento dele seja intolerável.

Os planos dele:

Eis o que está acontecendo na cabeça dele: ele já decidiu que irá deixá-la, mas ainda tem gigantescos pontos de interrogação sobre a própria decisão. E, não se esqueça, ele ainda se sente culpado – não a ponto de mudar sua decisão, mas, de qualquer forma, se sente culpado.

Ele sabe melhor do que ninguém que você não fez nada de errado, e que seu único defeito é querer ter uma relação duradoura com ele. Ele tem noção de que, apesar de ser você quem o incomoda, o problema não está em você. Ele não quer conversar sobre isso porque você tentaria resolver as coisas e ele voltaria ao impasse.

Nesse momento, o homem provavelmente começou a sair com outra mulher e a confusão sobre as próprias atitudes também pode estar contribuindo para o mau humor dele. Mas, estando ou não com outra mulher, ele gostaria de terminar sem deixar rastros de rejeição. Assim, se ele mudar de idéia e quiser voltar, tudo continuará do jeito que sempre foi.

Não importa o que esteja se passando na cabeça dele, uma coisa é certa: ele não a quer tão próxima. Quando você pergunta o que há de errado, ele inventa dezenas de desculpas e torce para que você acredite em alguma delas.

A reação inteligente:

Não pense que você é a esposa dele e que tem obrigação de compreender seus humores. Além disso, é quase impossível para você colocar-se no lugar dele e entender a situação. Você quer estreitar os laços e ele quer a separação. É isso que o incomoda.

Provavelmente não há nenhum drama insolúvel na vida dele que justifique seu mau humor, então não se empenhe em ajudar romanticamente a resolver seus problemas.

A essa altura, ele deve estar pensando em outra mulher, se não estiver com ela. A sua presença constante não a fará desaparecer.

Você já agüentou demais e ele está em pânico. Poupe sua energia emocional para investir em você mesma. Não a desperdice com esse homem.

6. Ele ainda a confunde com mensagens ambíguas: uma hora ele só tem rejeição e críticas; no momento seguinte, amor romântico e total aprovação.

Uma típica reação sua:

Quando ele diz algo amável, isso reacende sua esperança. Quando diz ou faz alguma coisa sórdida, você sofre horrivelmente. Provavelmente você entrou em depressão, ficou extremamente ansiosa, insegura e completamente arrasada.

Os planos dele:

É claro que ele ainda sente alguma coisa por você. Sempre que pensa em abandoná-la, as lembranças boas surgem em sua cabeça e lhe tiram a paz. Esse homem não consegue se comprometer a avançar nem a recuar. Então ele hesita.

Quando se sente culpado, ele diz coisas para que você fique melhor. Ele pode restringir a relação de vocês a telefonemas, alguns bastante ternos, quase como no começo, o que a deixa ainda mais confusa.

Os telefonemas reavivam sua crença de que é amada e você tenta cercá-lo. Longe de você, ele relaxa e sente a sua falta – mas o menor contato pode reacender a sensação de armadilha.

Ele envia mensagens confusas porque os sentimentos dele são confusos.

A reação inteligente:

Ele está tão confuso que não adianta lhe pedir uma explicação. Desista. Tampouco cometa o erro de interpretar seus telefonemas ou breves contatos como uma prova de amor. Não são.

Se você chegou a esse ponto, já se acostumou com tão pouco que deve estar com o ego seriamente avariado. Não se sinta envergonhada, pois muitas mulheres passam pela mesma situação. É lamentável, mas é verdade. Você deve fazer o possível para quebrar essa barreira emocional. Sei que não é fácil, mas você precisa tentar.

Não espere que ele seja seu melhor amigo ou que cuide de você emocionalmente. É você quem tem que *se* cuidar e até mesmo recorrer a uma ajuda terapêutica, se for preciso. Não sente ao lado do telefone aguardando as ligações dele, na esperança de reconquistá-lo. Além de não funcionar, isso será uma tortura.

Você tem de aceitar o fato de que ele não está mais emocionalmente disponível para você e tem que se determinar a não estar mais emocionalmente disponível para ele.

7. Ele se esquiva do sexo e põe a culpa no trabalho, no cansaço ou em uma doença. Ele insinua que se você fosse realmente compreensiva, entenderia.

Uma típica reação sua:

Esse parece o último passo do processo de rejeição, e você se sente magoada, traída e confusa. Infelizmente, você ainda o deseja e o ama.

Os planos dele:

A rejeição sexual é um recurso que ele costuma guardar para o fim. Ele não quer ir para a cama com você porque tem medo de ser mal interpretado, fazendo você achar que a relação está melhorando. A decisão de não transar com você é planejada. Provavelmente, ele atribuirá o desinteresse a outros problemas, indicando que a frieza sexual é temporária. Dessa forma, a porta não fica completamente fechada.

A reação inteligente:

Ajudaria se eu contasse que todas as mulheres que entrevistamos já tiveram experiências de rejeição sexual? Esse parece ser um procedimento-padrão dos homens com fobia a compromisso.

Não tente seduzi-lo. Veja por quê:

- É muito provável que sua tentativa não seja bem-sucedida e você se sinta ainda pior.
- As mulheres que conseguiram ir para a cama com seus homens nessa altura contam que eles partiram logo depois, terminando o namoro de vez.

Trata-se de um problema dele – não seu. Não se sinta rejeitada e não pense que você precisa provar alguma coisa. Seja generosa com você mesma e afaste-se dele.

8. Ele não faz nada para tentar melhorar a relação – nem ao menos falar sobre isso.

Uma típica reação sua:

Você ainda acha que conseguirá conversar com ele.

Os planos dele:

Ele não quer fazer nada nem quer falar sobre nada, exatamente porque não deseja salvar o relacionamento. Para ele, é como se estivesse em um corredor da morte e você se oferecesse para consertar a cadeira elétrica. Sei que isso parece exagero, mas, acredite, é assim que ele pensa.

A reação inteligente:

Não há nada a discutir. Você precisa retomar sua vida. Não faça ameaças, apenas aja. Pule fora. Fuja.

Faça o que for preciso para conseguir dar conta de suas prioridades e certifique-se de que ele não é mais uma delas. Sobretudo, lembre-se de uma coisa: se ele é um homem com fobia a compromisso, a culpa não é sua.

Capítulo 11

O amargo fim do relacionamento com um homem que tem fobia a compromisso

O amargo fim

Espero que a maioria de vocês não chegue a esse estágio. No entanto, se acontecer, talvez ajude saber que o homem que vem deixando-a tão arrasada não é nada "especial". Ele tem fobia a compromisso, o que o leva a apresentar um comportamento-padrão e táticas reconhecíveis. Identificar suas táticas e manobras pode não eliminar a dor que você sente, mas deve ajudá-la a reconhecer uma situação que verdadeiramente não lhe trará ganho algum.

O amargo fim é o pior ato final para um homem com fobia a compromisso. Se você tiver o azar de se envolver com um homem que a leve a esse ponto, tenha em mente que, não importa o que ele diga ou afirme veementemente, ele não é um grande ator, e o único Oscar que receberia seria o de efeitos especiais.

Não pense que estou minimizando o seu sofrimento. Esse homem a deixou triste e você tem o direito de se sentir assim. Mas acho que será mais fácil tocar sua vida quando você reconhecer qual é o melodrama dele: uma nova maneira de evitar o compromisso.

Ele não pode ficar, mas também não toma a iniciativa de partir

Se você precisa de mais provas de que esse homem tem fobia a compromisso, examine as maneiras pelas quais ele abandonou relacionamentos anteriores. Ele não consegue tomar a iniciativa de ir embora, mas também não decide ficar. Resultado: mesmo no amargo fim, ele continua emitindo mensagens confusas e distorcidas, como se fosse incapaz de dar uma resposta sincera e direta sobre seus sentimentos e intenções.

Por que o namoro termina?

O relacionamento chega ao fim porque, quando esse homem está ao seu lado, ele parece sufocar. Apesar de amá-la, ele perdeu a indispensável sensação de liberdade. Quando a relação chega ao amargo fim, o homem com fobia a compromisso está fora de controle, não consegue lidar com você de nenhuma forma minimamente normal. É como uma pessoa com fobia a altura que é obrigada a ficar na beira do último andar do Empire State Building, esperando que alguém a empurre e que caia lá de cima. Ele só quer que esse desconforto acabe.

Menos de 50 maneiras de se abandonar um amor

As três piores maneiras – ou as combinações entre elas – que um homem com fobia a compromisso pode adotar para terminar um relacionamento são as seguintes: ele a *provoca* para que você termine com ele; ele *recua* lentamente a ponto de ir apagando qualquer sinal de relacionamento; ele *desaparece*.

Qualquer que seja a forma escolhida, ele consegue que você, a mulher que o ama, assuma um dos – ou todos os – seguintes papéis:

Mãe

Terapeuta

Melhor amiga

Quando você assume esses papéis, está automaticamente colocando o bem-estar emocional dele acima do seu. Assim ele se torna a pessoa mais importante do relacionamento.

Veja como funciona: como mãe, você faz as malas dele; como terapeuta, pergunta se ele tem certeza de que sabe para onde quer ir; e como melhor amiga, o leva ao aeroporto.

Quando isso acontece, suas necessidades são anuladas – perdidas na confusão. Ele se vale disso para mantê-la por perto, até não precisar mais de você. Nesse momento, ele fecha a porta com veemência. Infelizmente, apenas depois que ele vai embora as coisas ficam claras para você. Sua confusão costuma permanecer indefinidamente, tornando o período de recuperação duplamente difícil.

Três maneiras pelas quais um homem com fobia a compromisso deixa a mulher

1. Ele leva você a terminar o relacionamento ao provocar uma enorme discussão ou a adotar um comportamento especialmente agressivo.

Uma típica reação sua:

"Não acredito no que tive de aturar. Ele começou a sair com outras mulheres e foi me dando cada vez menos atenção. Mas afirmava que não queria se separar de mim. Tentei acabar o namoro algumas vezes, mas ele dizia que me amava e que não sabia como eu conseguia agüentá-lo. Ele sempre sugeria que precisava de mais tempo. Certo dia, quando liguei para a casa dele, uma mulher atendeu e disse que ele estava no banho. Eu me senti muito humilhada... Nunca mais quis vê-lo."

Você termina o namoro porque sente que ele ultrapassou todos os limites. Você conseguiu aturar o que pôde e faz questão de que ele saiba disso. Logo que ele bate a porta, você começa a chorar e se pergunta se fez a coisa certa. Agora está sozinha. O que vai fazer? Pensa em todos os recursos possíveis para reconquistá-lo. Lembra-se de como ele era no começo, e se pergunta o que pode ter feito para que ele deixasse de amá-la.

Os planos dele:

No fundo, ele sabe que você não conseguiria agüentar essa situação para sempre e a empurrou até o seu limite. Consciente ou não, a motivação do homem é a mesma: ele quer ir embora, mas deseja que você tome a iniciativa. Ele sabe chegar aonde não há mais volta. Alguns exemplos:

"Trouxe Joan para o apartamento de Donna e fiz amor com ela enquanto Donna estava no trabalho. É claro que Donna descobriu. Ela disse que o que a deixou mais chateada foi eu ter emprestado seu robe para Joan. Como pude ser tão burro!"

"Eu ia tendo os meus casos sem importância. Minha namorada descobriu e me deu o troco de forma dolorosa."

"Deixei-a sozinha na véspera de Ano-Novo e fui para uma festa na casa da minha irmã. Sabia que ela faria um escândalo."

"Eu a criticava o tempo inteiro – não sei bem por quê. Uma vez ela preparou o jantar no dia do meu aniversário e me comprou três presentes. Fizemos amor após o jantar. Depois de tudo, fui até a cozinha e de repente me vi reclamando agressivamente por causa da bagunça que encontrei. Ela ficou furiosa e saiu correndo da minha casa. Mas ela sabia como eu detesto ver a pia cheia de louça suja. Provavelmente foi por isso que nos separamos, éramos muito diferentes."

"Não a levei comigo ao casamento do meu primo."

"Aluguei um apartamento novo e, por algum motivo que não consigo identificar, não queria que ela o conhecesse. Uma noite ela bateu à porta e, quando abri, jogou no chão todas as roupas que eu deixara na casa dela."

A reação inteligente:

Nunca se arrependa de sua decisão. Saiba que ele queria que você terminasse tudo. Não foi culpa sua, foi ele que provocou. Se quer aprender alguma coisa com essa experiência, procure descobrir por que agüentou tanto tempo.

Quando o homem leva você até esse ponto, tome cuidado com a sua reação, porque ele é capaz de fazer uma santa perder a paciência. Procure manter a dignidade e seja firme.

2. Ele se distancia tanto (pode até mudar de cidade) que o relacionamento morre pelo desgaste

Uma típica reação sua:

"Passamos por todas as fases: rompimentos malucos, brigas, reconciliações, mas finalmente acabou, porque não restou praticamente nada. Ele começou a sair cada vez menos comigo e tinha desculpas para tudo. Depois alugou uma casa de veraneio com amigos e disse que não havia lugar suficiente para hóspedes, o que me incluía. Eu dizia que estava claro que ele não queria mais me ver, mas ele negava isso. Após um ano, chegamos ao ponto em que o desgaste foi total. Nós nos víamos cada vez menos. Nem lembro exatamente como tudo terminou."

De alguma maneira, o comportamento dele deixa você condicionada a esperar cada vez menos. Apesar de tudo, como ele afirmou tantas vezes quanto a amava, você ainda espera que as coisas mudem. Se isso não acontece, você acaba se dando conta de que não tem mais vida própria.

Os planos dele:

Por sentir-se tão culpado por terminar o relacionamento, ele espera que o namoro acabe evaporando. Ele lhe dá apenas o mínimo necessário para ir se retirando devagar. Eis suas desculpas:

"Não sei... Preciso de mais tempo..."

"Preciso ver como as coisas vão correr no meu trabalho... quero garantir minha promoção."

"Sou muito jovem para me casar... talvez no ano que vem..."

"Sou velho demais... não sei se vou conseguir... Mas, sei lá, talvez amanhã eu pense diferente."

"Eu sei que o novo emprego fica muito mais longe, mas isso não significa que não possamos nos ver."

O tema favorito desse homem é "amanhã". Mas isso não quer dizer que ele espera mudar de comportamento no futuro. Significa apenas que ele é *incapaz* de pôr um ponto final no relacionamento. Ele espera que você entenda as indiretas dele e acabe se afastando. Enquanto você suportar essa situação, ele não se sentirá responsável pelo próprio comportamento. Apesar de estar ciente de que você abriu mão de sua vida esperando que ele voltasse a ser o que era, isso não o obriga a promover qualquer mudança.

A reação inteligente:

Não perca mais seu precioso tempo com esse homem. Até mesmo mulheres inteligentes perdem anos de suas vidas esperando que homens desse tipo mudem de comportamento. Quando o homem se afasta gradualmente, a mulher fica paralisada, vendo o relacionamento se deteriorar. Essa paralisia costuma afetar tudo o que ela faz, impedindo que tome qualquer atitude. Não abra mão de sua vida. Faça um esforço para sair, faça planos e vá em busca de novos relacionamentos.

Muitas mulheres querem que o homem lhes diga que o namoro acabou. De alguma forma, é a única maneira de elas se sentirem livres para empreender novas coisas. Mas se ele não tomar uma atitude clara, você terá que assumir a iniciativa de terminar tudo. Infelizmente, isso é difícil de fazer. Como uma mulher me contou: "Não consigo ligar dizendo que está tudo terminado, porque sinto que ele precisa de mim. Acabo sentando ao lado do telefone e esperando por ele."

Quando isso acontece, você deve se forçar a parar de sonhar. Esqueça todos os aspectos românticos do relacionamento e invista em maneiras práticas de lidar com a vida. Se precisar de um terapeuta para ajudá-la a se afastar emocionalmente, procure um profissional competente. Mas certifique-se de que não está usando a terapia como mais uma maneira de continuar falando nele ou especulando obsessivamente sobre o que poderia ter acontecido.

3. Ele pára de ligar, não retorna seus telefonemas e desaparece completamente de sua vida, de uma maneira estranha e, ao mesmo tempo, destrutiva.

Uma típica reação sua:

"É terrível, mas foi o que aconteceu. Estávamos prestes a ficar noivos quando ele começou a sair com uma colega de trabalho, então terminamos tudo. Ele apareceu na minha casa chorando, desculpando-se e dizendo quanto me amava. Acreditei e voltamos a ficar juntos. Duas semanas depois, no feriado de Ação de Graças, ele não me ligou e eu não consegui falar com ele. Fui até a casa dele, mas não o encontrei. Fiquei muito preocupada, achando que algo terrível tinha acontecido. Telefonei muitas vezes, mas só consegui encontrá-lo no trabalho, na segunda-feira. Ele me disse que não poderia mais ficar comigo porque tinha decidido ir morar com uma antiga namorada. Acredite ou não, eu continuava preocupada, achando que ele estava passando por uma crise... Cheguei a ligar para a mãe dele."

Normalmente, quando um homem desaparece desse jeito, você alterna os sentimentos de raiva e preocupação. Não entende por que ele não teve a decência de procurá-la e conversar sobre o que estava sentindo. Não entende nada e conclui que ele deve ter perdido a sanidade e o bom senso. Você costuma negar o que aconteceu e espera que ele volte a ser o que era.

Talvez leve tempo para você se recuperar dessa experiência. Tudo parece um grande pesadelo. Como ele poderia largá-la tão rapidamente?

Você ainda telefona para ele, procurando algum tipo de explicação, e tenta até marcar um encontro. Se houver outra mulher envolvida, o que costuma acontecer, você tem receio de ligar e ela estar por perto. Sua esperança é acordar um dia e descobrir que nada disso aconteceu. Enquanto isso, tenta achar maneiras de restabelecer os laços que uniam vocês.

Os planos dele:

Ele sabe que levou o relacionamento longe demais. Não consegue conversar com você sobre o que está sentindo. Ele se sente um prisioneiro e a fuga é a única saída. Isso não significa que ele não goste de você. Apenas que levou o relacionamento longe demais, e não era isso o que desejava.

Mas, como sabe que a iludiu, esse homem fica atormentado por um misto de culpa e ansiedade. Ele sabe perfeitamente que você não merece o que ele fez. E é exatamente por causa da culpa que não consegue confrontá-la. O que ele poderia dizer?

Então ele lida com a culpa se afastando cada vez mais de você. Ele espera que, ao fingir que você não existe (apagando-a de sua vida, pelo menos temporariamente), a culpa desaparecerá. Eis algumas reações típicas:

"Não podia mais avançar no relacionamento. Estava me sentindo mal, sabia que tinha que ligar para ela, mas não conseguia. Então eu adiava. Cada vez que adiava, ficava mais difícil ligar."

"Fui longe demais e aquele parecia ser o único jeito. Sei que 'um homem de verdade' teria dado alguma satisfação, mas tudo teria parecido loucura. Como poderia explicar isso para alguém com quem desenvolvi tanta intimidade? Como poderia dizer que estava tudo acabado? Chame de covardia ou do que quiser. Eu simplesmente não conseguia enfrentá-la."

"Acordei um dia e me dei conta do que tinha feito. Não havia dúvida de que eu não queria me casar. Eu nem sequer queria mais vê-la."

A reação inteligente:

A primeira coisa a ser compreendida é que esse homem representa aquele tipo Houdini, uma referência ao mágico que não podia ser amarrado nem preso. Esse tipo é especialmente destrutivo porque, no início, é ele quem insiste no compromisso. Quando consegue, desaparece. Quando reaparece, está completamente mudado, ou com outra mulher. A fuga Houdini costuma ocorrer em relacionamentos curtos e intensos – Houdini se precipitou e agora precisa fugir a qualquer custo.

Reconheça esse tipo de homem e entenda que ele é o mais destrutivo dentre todos os que têm fobia a compromisso. Quando ele desaparecer pela primeira vez, tenha certeza de que não morreu nem foi seqüestrado – ele desapareceu porque quis sumir, e é mesmo uma pessoa maldosa.

Não espere por um telefonema dele. Não pense que ele está sofrendo uma crise nervosa e que de algum modo sua versão amorosa ressurgirá. Não faça nada que o envolva. Cada segundo que você gastar pensando nele, falando nele ou conversando com ele só lhe causará mais dor.

Abrir mão dele (e da idéia de ficar com ele) é mais difícil do que abrir mão de cigarros, mas é algo que *precisa* ser feito. Quanto mais cedo você conseguir, mais cedo poderá retomar sua vida.

Se isso acontecer com você, pense que a mesma coisa já ocorreu a inúmeras mulheres. Não se envergonhe. Não fique se convencendo de que ele a amava. Não romantize os problemas e os conflitos dele. Não atribua a você um papel tão importante na vida dele.

Mais dicas de sobrevivência:

- Resista à tendência de dramatizar a sua luta – e a dele.
- Resista a chafurdar na dor – isso só prolongará o processo.
- Não fique pensando em todas as coisas que ele disse.
- Não fique obcecada com as coisas que você poderia ou deveria ter feito.
- Não fique relembrando as maneiras como ele a magoou.
- Pare de imaginar como poderia ser o futuro de vocês.
- Fique satisfeita em saber que isso nunca mais irá acontecer, porque você já aprendeu a lição e agora sabe como agir.

O bis

Finalmente, terminou. Lentamente, você começa a retomar sua vida. Está na hora de esquecê-lo e seguir em frente. Apesar de toda a dor e mágoa, o pior parece ter passado. Mas, repentinamente, uma carta chega, ou o telefone toca, ou alguém bate à sua porta. É ele de novo. Parece triste e desesperado.

Foi um erro terrível, ele alega, o maior erro de sua vida. Ele não consegue enfrentar a idéia de nunca mais vê-la, pede que você aceite suas desculpas e lhe dê outra chance. Promete que tudo será diferente... e melhor. Você fica abismada. Você começou a curar suas feridas e todas estão sendo reabertas. Os sentimentos voltam com força. Você não consegue acreditar no que está ouvindo: é tudo o que sempre esperou escutar.

PARE IMEDIATAMENTE. Pergunte a si mesma o que está acontecendo. O que ele está pensando?

A triste verdade é que, provavelmente, ele *não* está pensando. Parece ser o começo de novo. Assim que ele a deixou, a ansiedade e o medo acabaram e ele ficou livre para sentir sua falta, lembrar-se de todas as suas qualidades e parar de ficar procurando os defeitos. Ele está de volta! Mas, afinal, o que será que ele quer?

Nada. Ele é o mesmo homem de antes. Ele pode começar a correr atrás de você, exatamente como fazia no começo. Ele repetirá os mesmos passos do relacionamento. Só que, dessa vez, em uma versão muito mais rápida e concisa.

Se ele quiser freqüentar uma terapia de casal, *talvez* haja alguma chance. No entanto, depois de entrevistar muitas pessoas, acho altamente improvável que ele tenha superado sua fobia a compromisso.

As coisas mais idiotas – lembranças de um homem com fobia a compromisso

Outro pequeno detalhe mencionado pelas mulheres: após o término do relacionamento, o homem costuma se recusar a devolver os pertences dela. Talvez ela tenha deixado peças de roupa, livros e CDs no apartamento dele. Merilee, uma designer, ficou completamente confusa com a atitude do ex-namorado:

"Larry me trocou por outra mulher e eu não guardei rancor, apesar da maneira desprezível com que ele me abandonou. No entanto, eu havia deixado duas camisolas, meu chapéu preferido e um casaco no apartamento dele. Duas noites antes da partida, eu lhe emprestara 50 dólares. Agora ele não quer devolver nada disso, apesar de ganhar 10 vezes mais do que eu. Quero pegar minhas coisas e me sinto ofendida por ele ter ficado com o meu dinheiro. Tentei todas as maneiras racionais. Escrevi um bilhete, mandei uma caixa endereçada e com a postagem paga para que ele enviasse tudo pelo correio. Mas ele não me devolve nada e eu não sei o motivo."

Sabe por que ele não se preocupa em devolver seus pertences? O velho ditado diz que as coisas "só acabam quando chegam ao fim". No raciocínio maluco e distorcido desse homem, esses objetos são como uma linha de comunicação com você. Ele sabe disso e acredita que você também sabe. Ele a deixa à deriva, mas isso não quer dizer necessariamente que ele deseja que você aporte em um litoral desconhecido. A verdade é que ele gostaria que você esperasse por ele. Esperasse para quê? Ele não faz idéia. Talvez, um dia, uma luz acenda na cabeça dele e ele mude de idéia. Se mudar, tem uma desculpa para entrar em contato com você. Mais uma vez, eis um exemplo da dificuldade dele em assumir compromissos – qualquer um.

Capítulo 12

Como evitar o relacionamento com um homem que tem fobia a compromisso – regras a seguir

Regra nº 1: saiba que você não pensa como ele

Talvez você ache que um homem com fobia a compromisso pensa da mesma maneira que você, mas isso não é verdade. As coisas que garantem a sua segurança talvez sejam exatamente aquelas que o sufocam. Alguns gestos que você entende como amor ele interpreta como armadilha. Pare de ficar adivinhando qual é a vontade *dele*. Está na hora de você se preocupar mais com o que *você* quer.

Regra nº 2: você é quem dita o ritmo da relação

Ainda que seja tentador deixar que ele a seduza e assuma o controle do namoro, *você* é quem deve ditar o ritmo da relação. É o único modo de evitar a típica armadilha do homem com fobia a compromisso. Ele quer um romance avassalador – rápido e intenso. Mas só os relacionamentos lentos e estáveis evoluem em direção à perenidade. A palavra-chave aqui é lentidão. Se as coisas acontecerem rápido demais, ele ficará assustado, pode ter certeza. Demore um tempo razoável para se abrir, para aceitá-lo, para confiar nele e para fazer amor com ele. Se o destino desse namoro é ser o romance do século, vocês terão um século para usufruí-lo. Sendo assim, você não perderá muita coisa ao diminuir o ritmo e poderá estar ganhando tudo. Se ele não conseguir acompanhar seu ritmo lento, isso é mais um sinal de que ele não está a fim de se comprometer em um relacionamento a longo prazo.

Regra nº 3: realidade, e não fantasia

Todos querem viver um conto de fadas, mas, como você já deve ter aprendido a esta altura, a maioria desses romances tem finais infelizes. O homem com fobia a compromisso costuma ser um romântico inveterado, perdido na ilha da fantasia, tentando desesperadamente que você embarque com ele. Você não pode cair nessa ilusão, por mais atraente que seja – e ela será muito atraente –, já que tudo não passa de fantasia. Mais cedo ou mais tarde, todas as fantasias chegam ao fim, e quando o homem tem fobia a compromisso isso costuma acontecer rapidamente. Um relacionamento sólido começa, cresce e amadurece no mundo real. Se você começar a perder o controle de suas emoções, pare imediatamente e volte à estrada da realidade.

Regra nº 4: entenda que seu amor não o modificará – sua independência, talvez sim

Há um mito em que muitas mulheres acreditam, reforçado pelos filmes dos anos 1940 e pelos romances dos anos 1980. Ele faz crer que o amor de uma boa mulher é capaz de vencer qualquer obstáculo. A mulher comum aprendeu que, se amar muito, um dia será recompensada por seus esforços. Amar muito significa ser completamente fiel, leal, compreensiva, etc. "Fique ao lado de seu homem e ele chegará à conclusão de que necessita de você." Isso funciona nos filmes, mas não na vida real. Ele assistiu aos mesmos filmes que você e é grato por suas tentativas de arrebatá-lo com todo esse amor. Mas *arrebatar* é a palavra que vem causando encrenca. Toda essa abundância de amor faz com que ele seja arrebatado pelo medo.

Sua independência, por outro lado, permite que ele respire. Independência e amor não são excludentes, mas para um homem com fobia a compromisso, no minuto em que uma mulher declara seu amor, ele pensa estar sufocando.

Regra nº 5: cuidar é asfixiar

É fácil sentir pena desse sujeito. Ele costuma parecer sensível e confuso como uma criança. O que ele precisa é de um pouco de cuidado materno, certo? Errado. No minuto em que você começar a se preocupar com o conforto dele, seu sono, seu bem-estar psicológico ou sua gripe, você passa a despertar todas as fobias. Quando sente que você está agindo como mãe, ele começa a se sentir asfixiado. Não faça isso.

Observe: é fácil habituar-se a preparar o jantar para ele, limpar as coisas dele e poupá-lo de todas as tarefas domésticas, como a mãe dele fazia em sua juventude. Mas você não é a mãe dele. Esse homem é seu parceiro em um relacionamento, então deixe-o agir como tal.

Regra nº 6: nada de brincar de casinha

Se vocês não são casados, não ajam como se fossem. O que significa isso? É simples. Não o habitue a tratá-lo como se ele fosse seu marido enquanto ele age feito visita.

Eis como funciona: você, ansiosa por encontrá-lo, não pede mais nada. Alegremente, cozinha para ele e passa uma calma noite em casa. Mas o que costuma acontecer é que um padrão errado vai se estabelecendo. Você assume todas as qualidades típicas de uma esposa, quase como se não tivesse mais nada a fazer durante o dia a não ser preparar coisas para ele. Ao mesmo tempo, quando ele chega com a expressão "estou exausto" estampada no rosto e se joga no sofá para assistir à televisão, você incorpora o papel da dona de casa perfeita. O pior é que ele fica com a impressão de que você realmente *não* tem mais nada para fazer além de cuidar dele. Isso, logicamente, o deixa muito desconfortável.

Trata-se de um arranjo nocivo e irreversível. E a mulher costuma ser tão responsável por isso quanto o homem (se não mais).

Brincar de casinha é contraproducente.

Regra nº 7: acredite no que ele faz, não no que diz

O homem com fobia a compromisso fala muito, mas age pouco. Aprenda a diferenciar uma coisa da outra. Apesar de você querer acreditar nas palavras dele, não deveria se pautar por elas ou (Deus a livre!) mudar sua vida por causa delas, até ele mostrar *concretamente* o que tanto prega. Se ele não agir de acordo com o que diz, você deve aceitar o fato de que as palavras dele são *apenas* palavras.

Regra nº 8: expanda seus horizontes

Um homem que não se compromete é isso mesmo: um homem que não se compromete. Você não pode enterrar sua vida social achando que um dia ele assumirá o compromisso que você deseja. Esse tipo de isolamento é contraproducente e pode até ser destrutivo. Então, a menos que você esteja de fato comprometida com alguém, nunca recuse um convite para expandir seus horizontes sociais. E se ele ficar com ciúmes? Não é problema seu. Deixe que ele faça alguma coisa em relação a isso.

Regra nº 9: não invente desculpas para o comportamento dele

Ele teve uma infância conturbada... uma mãe difícil... ele não foi amado o suficiente... ele foi amado demais... o trabalho dele é muito estressante... o trabalho dele não é estimulante... ele já passou por um casamento tumultuado... ele já passou por dois casamentos tumultuados, etc. Você pode encontrar ótimas desculpas para aceitar o comportamento de um homem com fobia a compromisso. Mas quase todos os homens já tiveram problemas graves em suas vidas. E muitos com razões bem mais sérias para ficar traumatizados não tratam suas mulheres da forma como aqueles com fobia a compromisso tratam as deles. Ele pode ter tido traumas na infância, mas isso não justifica suas atitudes cruéis. Se ele está magoando e agredindo você, não há desculpas para tal comportamento. Não queira bancar a terapeuta dele. Resumindo, não aceite nem tente explicar comportamentos inaceitáveis.

Regra nº 10: não assuma a culpa pelo fracasso de um relacionamento com um homem que tem fobia a compromisso

Mulheres bem-intencionadas aceitam facilmente a culpa e a responsabilidade pelo fracasso de um relacionamento. No entanto, quando um homem tem fobia a compromisso, você deve ficar bem consciente de que é *ele*, e não você, que tem um problema. Os namoros dele fracassam por causa de seu próprio caos interno, e não porque suas parceiras são ruins. Não assuma a culpa nem se condene à prisão por conta de um crime cometido por ele.

Regra nº 11: cuide de si própria

Sobretudo nunca se esqueça de que a pessoa mais importante na sua vida é VOCÊ, hoje e sempre. Deixe que ele tome conta de si mesmo. Tome conta de você. Você tem suas necessidades, seu trabalho, seus amigos, sua família, suas prioridades, e deve estar sempre atenta a tudo isso. Não permita que ele a seqüestre para um mundo onde você perca a noção de quem é aquela mulher pela qual ele se encantou inicialmente.

Você precisa de espaço (físico e emocional) e de independência, tal como ele. Não espere que ele vá abrir mão do espaço e da independência dele nem, em hipótese alguma, abra mão dos seus. Logicamente, algumas concessões são necessárias, mas isso exige que ambas as partes negociem e cedam em alguns pontos para o bem do relacionamento.

Não tema que sua independência e seu mecanismo de autodefesa o ofendam ou o façam perder o encantamento por você. Ele pode reclamar, mas, acredite, se você *se* cuidar (o que, de qualquer maneira, é melhor para você), é muito menos provável que a ansiedade causada pela fobia a compromisso dele seja acionada.

Regra nº 12: não diga "eu não consigo mudar"

Um último conselho. Conheci algumas mulheres que, ao final de um doloroso relacionamento com um homem com fobia a compromisso, me disseram que não conseguiam mudar. "Um dia encontrarei um homem que me valorize do jeito que sou, que me ame pelas razões certas." Essas mesmas mulheres conheceram outro homem, demonstraram o mesmo tipo de confiança, o mesmo tipo de vulnerabilidade, a mesma disposição de investir na relação... e acabaram se machucando novamente!

Já recomendei diversas modificações que julgo cruciais para o crescimento de um relacionamento. Mas, quando falo em mudanças, não estou sugerindo que alguém altere as características essenciais que definem sua personalidade. Só digo que cuidem melhor desses essenciais.

Ironicamente, as mesmas mulheres que dizem ser incapazes de mudar são as que mais se modificam no esforço para se tornarem as amantes/esposas/mães perfeitas que o homem com fobia a compromisso aparenta desejar. Se você é uma delas, precisa reconhecer que você *efetivamente* muda, mas de um modo que a prejudica.

O que estou pedindo é que você faça as modificações inteligentes e positivas que permitem que se proteja. Isso não significa que você precisa se tornar menos amorosa, menos sincera, menos feminina e mais manipuladora. Significa apenas que terá de cuidar melhor das características que você mais valoriza, e não poderá embarcar em um relacionamento se não tiver a certeza de que essas características serão respeitadas. Confie em sua intuição e fique alerta. Se você construir uma relação lentamente e com bom senso, terá muito mais chances de encontrar um amor estável e duradouro.

Posfácio

Achamos que não poderíamos concluir este livro sem responder à pergunta mais freqüente: "Há esperança?"

Não sabemos se temos uma resposta plenamente satisfatória, pois não se trata de uma questão simples. O processo de superação pode se mostrar desafiador, exigente, demorado, angustiante, assustador e, sem dúvida, doloroso. Para muitas pessoas, será mais fácil fugir do que lutar contra a complexa teia psicológica que cria um conflito tão sério e profundo. É por isso que sempre mantivemos o foco em "você" e que, depois de 10 anos de pesquisas, continuamos pensando dessa forma. Não se concentre em pensar se ele será capaz de mudar ou não. Sim, há esperança, mas ela deve ser encontrada naquilo que *você* pode fazer por si mesma – e não no que ele pode fazer por você.

Sei como é difícil enfrentar o próprio problema com compromissos. Há 10 anos me dei conta de que, antes de entrevistar qualquer pessoa sobre seus conflitos, precisava me examinar. E constatei que eu era um homem com fobia a compromisso – um caso bem sério. Apesar de não ter percebido isso na época, este livro foi de certa forma um meio de me desculpar pelo meu comportamento no passado e tentar compensá-lo.

Enquanto o escrevíamos, eu acreditava que bastava reconhecer meu próprio problema com compromissos para superá-lo. Contudo, fui rapidamente obrigado a admitir que, embora tivesse dado um importante primeiro passo com o livro, minha luta pessoal ainda não estava encerrada. A verdade é que levei vários anos para compreender inteiramente a profundidade do meu conflito e para realmente começar a lidar com o *meu* problema.

As pessoas podem mudar? Acredito que, se eu fui capaz de mudar, qualquer pessoa é. Mas creio que pessoas com sérios problemas em assumir compromissos não melhoram apenas por quererem mudar. E muitas nem querem mudar. A pergunta mais freqüente das mulheres é: "O que posso fazer por ele?" A única resposta que podemos dar é: só *ele* pode fazer algo para mudar.

Num mundo perfeito, todos os relacionamentos seriam equilibrados se cada um fizesse o mesmo esforço para superar as dificuldades. Infelizmente, poucos homens com fobia a compromisso estão dispostos a fazer qualquer esforço. Muitos não desejam *realmente* mudar. Não porque estejam satisfeitíssimos com seu estilo de vida – em geral, sentem-se solitários e deprimidos. É que a alternativa – o compromisso – lhes parece bem pior.

Mas alguns homens desejam mudar, ou pelo menos tentam mudar, sobretudo se estiverem envolvidos com uma mulher que amam e temem perder. Talvez você se lembre de um momento em que um homem tenha expressado tal desejo (provavelmente com os olhos cheios d'água). Você se alegrou e ficou esperando, torcendo para que o desejo fosse o suficiente. Mas não foi.

Não imagine que um homem que expressa o desejo de tomar uma providência para resolver seu problema com compromissos será capaz de fazer mudanças positivas sozinho. Tampouco interprete isso como um sinal de que deve assumir o papel de terapeuta dele para tentar mudá-lo. Você *nunca* deve tentar mudá-lo. Você pode mudar apenas a forma como interage com ele, de modo a se proteger, e cuidar de si mesma. Mas, se ele estiver realmente disposto a combater o problema, existem meios de ajuda. No entanto, o único caminho em que realmente acreditamos e que recomendamos é a ajuda de profissionais competentes – um psicoterapeuta ou orientador psicológico. Ainda assim, mesmo com a ajuda do melhor profissional, não há garantias de um resultado positivo. Tenha consciência disso.

Você também deve saber que o sucesso da terapia depende em grande parte da motivação do paciente. Isso significa que, por mais que queira que o homem que ama procure ajuda profissional, você não pode fazer isso por ele. Ele precisa tomar a iniciativa, precisa ir porque quer. *Ele* tem de assumir a responsabilidade pela própria mudança. Tudo o que você pode fazer é orientá-lo na direção certa, apoiar os esforços dele e torcer por ele.

E quanto a você? A fobia a compromisso assume diversas formas, tamanhos e graus. Passamos boa parte do livro tratando dos casos mais sérios. Se você está lidando com um homem como os que descrevemos, precisa se proteger ao máximo – o que não é fácil. Nenhuma mulher deve assumir essa difícil tarefa sozinha. Procure se cercar de amigos e familiares que lhe dêem apoio. E, se possível, busque também a ajuda profissional de um psicoterapeuta.

Procurar ajuda agora é a sua apólice de seguro para o futuro. Assegure-se de que, após se recuperar do relacionamento atual, você não irá dobrar a esquina e mergulhar de cabeça em uma relação que também a fará sofrer. O fato é que algumas mulheres não chegam a conhecer um homem com esse problema. (Sim, esses homens existem!) Outras se relacionam com um homem com fobia a compromisso e não voltam a repetir a experiência. E outras ainda estão sempre se relacionando com homens desse tipo. O homem pode parecer ser diferente, pode soar diferente e vai jurar que *é* diferente. Mas é igual.

Se esse é um doloroso padrão que se repete em sua vida, é fundamental que você pare e se pergunte a razão disso. É preciso descobrir o que a está impedindo de se proteger. Você tem de saber por que não percebe que o comportamento vai se repetir. Por que acha que vai conseguir lidar com a situação e depois descobre que não consegue. Por que pensa "Ele é diferente" e depois conclui que não é. Por que pensa "Ele não é tão mau assim" e logo vê que é bem pior. Existem questões que você precisa tentar resolver.

Há muitos homens com fobia a compromisso por aí. Infelizmente, este é um fato. A boa notícia é que há muitas coisas que você pode fazer para evitar se envolver com homens assim.

Se você se sentiu atraída por um homem fóbico, nós a aconselhamos a parar e pensar. Se conhece um homem e em poucos dias passa a acreditar que "não consegue viver sem ele", isso não deve ser motivo de comemoração, e sim de preocupação.

O que você pode fazer para deixar de repetir esse comportamento em sua vida? Às vezes basta decidir-se por escolhas saudáveis. Mas às vezes os circuitos são tão complexos que você precisa de ajuda para identificar as melhores opções. Pare e olhe para dentro de si mesma. Tente entender como funciona seu próprio circuito. Analise as experiências que viveu. Elas podem ter contribuído para torná-la vulnerável assim. São poucas as pessoas que conseguem fazer isso sozinhas. Algumas obtêm auxílio em livros ou em grupos de apoio. Outras necessitam da ajuda de um terapeuta competente. Acreditamos totalmente na terapia e recomendamos que você busque todos os meios de auxílio possíveis para conquistar uma melhor qualidade de vida em suas relações. Já dissemos isso antes, mas desejamos enfatizar este ponto.

Não basta querer que as coisas sejam diferentes da próxima vez. É necessário agir de forma diferente. E isso significa que você precisa se conhecer melhor e se tornar capaz de fazer escolhas que beneficiem você mesma. A verdade é que não sabemos se o homem que a fez abrir este livro é capaz de mudar ou se irá mudar algum dia. Talvez ele nem queira mudar. E ainda que diga que quer, pode não conseguir. E você? É capaz de mudar? Talvez você não possa fazer muito por ele, mas certamente pode fazer muito por si mesma. Ame-se. Cuide-se. Busque a sua felicidade.

INFORMAÇÕES SOBRE OS PRÓXIMOS LANÇAMENTOS

Para receber informações sobre os lançamentos da EDITORA SEXTANTE, basta enviar um e-mail para atendimento@esextante.com.br ou cadastrar-se diretamente no site www.sextante.com.br

Para saber mais sobre nossos títulos e autores, e enviar seus comentários sobre este livro, visite o nosso site www.sextante.com.br

EDITORA SEXTANTE
Rua Voluntários da Pátria, 45 / 1.404 – Botafogo
Rio de Janeiro – RJ – 22270-000 – Brasil
Telefone: (21) 2286-9944 – Fax: (21) 2286-9244
E-mail: atendimento@esextante.com.br